DARGANFOD TREFTADAETH YR UWCHDIROEDD • **DISCOVERING UPL**

Archaeoleg Ucheldir Gw
The Archaeology of Upland Gwent

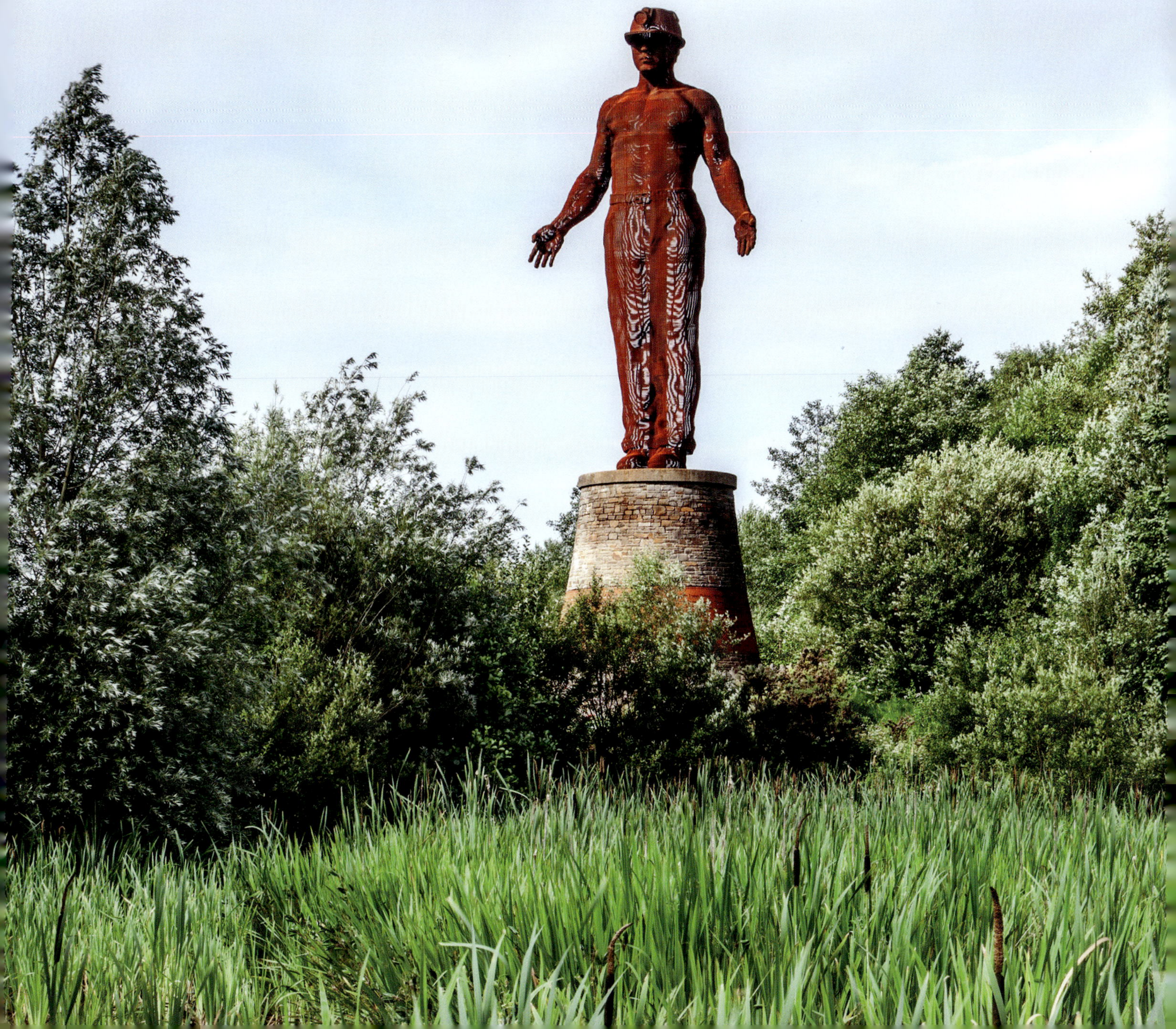

Llun y clawr blaen: *Awyrlun o fryngaer drawiadol Twmbarlwm, sy'n sefyll ar ben tomen ganoloesol, yng ngoleuni isel prynhawn ym mis Tachwedd.* (AP_2014_5020, NPRN 269157)

Front cover image: *Aerial view of the spectacularly sited Twmbarlwm hillfort, surmounted by a medieval motte, seen in the low light of a November afternoon.* (AP_2014_5020, NPRN 269157)

Llun y clawr cefn: *Cerflunwaith Gwarcheidwad y Cymoedd, a llethrau coediog bryniau Abertyleri y tu hwnt iddo.* (DS2015_131_003, NPRN 421092)

Rear cover image: *The Guardian of the Valleys sculpture, with the wooded hillslopes of Abertillery beyond.* (DS2015_131_003, NPRN 421092)

Wynebddalen: *Ffigur 20 metr o uchder yw Cerflun Gwarcheidwad y Cymoedd ym Mhwll Glo Six Bells, Abertyleri, ac fe'i codwyd i gofio hanner canmlwyddiant y ffrwydrad a laddodd 45 o ddynion yn y pwll glo hwnnw ym 1960. Mae'r llun hwn gan Iain Wright yn cyfleu lleoliad gwledig y gofeb.* (DS2015_131_002, NPRN 421092)

Frontispiece: *The Guardian of the Valleys sculpture at Six Bells Colliery, Abertillery, stands 20 metres tall and was built to commemorate the 50th anniversary of the explosion that claimed the lives of 45 men at Six Bells colliery in 1960. This view by Iain Wright captures the monument in its rural setting.* (DS2015_131_002, NPRN 421092)

Llun yr hanner teitl: *Dolydd a llethrau coediog y bryniau uwchlaw Cwm Tyleri.* (Frank Olding)

Half title image: *Green meadows and wooded hillslopes above the Cwm Tyleri valley.* (Frank Olding)

DARGANFOD TREFTADAETH YR UWCHDIROEDD • DISCOVERING UPLAND HERITAGE

Archaeoleg Ucheldir Gwent
The Archaeology of Upland Gwent

Frank Olding

Gyda chyfraniadau gan / With contributions from:
Richard Brewer, Edith Evans, Ray Howell, Jeremy Knight, John van Laun, David Leighton & Peter Wakelin

2016

Comisiwn Brenhinol Henebion Cymru
Royal Commission on the Ancient and Historical Monuments of Wales

Ar y cyd â Chyngor Bwrdeistref Sirol Blaenau Gwent • In collaboration with Blaenau Gwent County Borough Council

Y COMISIYNWYR BRENHINOL / ROYAL COMMISSIONERS
Cadeirydd / **Chairman:** Dr Eurwyn Wiliam MA, PhD, FSA
Is-Gadeirydd / **Vice-Chairman:** Mr Henry Owen-John BA, MIFA, FSA
Ms Catherine S. Hardman, BA, MA, FSA
Mr Thomas O.S. Lloyd, MA, OBE, DL, FSA
Mr Jonathan Hudson MBCS, CITP
Dr Mark Redknap BA, PhD, MIFA, FSA
Yr Athro / **Professor** Christopher Williams BA, PhD, FRHistS
Ysgrifennydd / **Secretary:** Mr Christopher Catling, MA, FSA (Mawrth / March 2015–)

ISBN 978-1-871184-57-0   ISBN (e-lyfr / e-book) 978-1-871184-58-7
Manylion Catalogio (CIP) y Llyfrgell Brydeinig. Mae cofnod catalogio'r llyfr hwn ar gael yn y Llyfrgell Brydeinig.
British Library Cataloguing in Publication Data. A catalogue record for this book is available from the British Library.

Dylunio / **Layout:** Owain Hammonds
Mynegai / **Indexing:** Patricia Moore
Argraffwyd yng Nghymru gan / **Printed in Wales by:** Cambrian Printers, Aberystwyth

© Hawlfraint y Goron, CBHC 2016. Cedwir pob hawl. Ni chaniateir atgynhyrchu unrhyw ran o'r llyfr hwn na'i gadw mewn cyfundrefn adferadwy, na'i drosglwyddo mewn unrhyw ddull na thrwy unrhyw gyfrwng electronig, mecanyddol, llungopïo, recordio, sganio, nac fel arall heb gael caniatâd ymlaen llaw gan y cyhoeddwr.

Mae Hawlfraint y Goron ar bob llun a ddefnyddiwyd yn y llyfr hwn oni nodir fel arall yng nghapsiynau'r lluniau.

© Crown Copyright, RCAHMW 2016. All rights reserved. No part of this book may be reproduced, stored in a retrieval system or transmitted in any form or by any means, electronic, mechanical, photocopying, recording, scanning or otherwise, without permission from the publisher.

All images used in this book are Crown Copyright unless otherwise stated in image captions.

Mae'r Comisiwn Brenhinol yn cydnabod yn ddiolchgar gymorth Cymdeithas Hynafiaethol Sir Fynwy a Chronfa Marc Fitch wrth gynhyrchu'r llyfr hwn.
The Royal Commission gratefully acknowledges the assistance of the Monmouthshire Antiquarian Association and the Marc Fitch Fund in the production of this book.

Cynnwys

Rhagair gan yr Athro William Manning
Diolchiadau
Rhagymadrodd

Pennod 1:
Cyflwyniad
Tirwedd y blaenau
Hanes blaenau Gwent
Eitem Nodwedd 1: Hynafiaethwyr ac Archaeolegwyr
(Frank Olding)

Pennod 2:
Cymunedau Cynhanesyddol y blaenau
Eitem Nodwedd 2: Twmbarlwm
(Ray Howell)

Pennod 3:
Y Rhufeiniaid ym mlaenau Gwent
Eitem Nodwedd 3: Caer Rufeinig Gelli-gaer
(Richard Brewer)

Pennod 4:
Yr Oesoedd Canol Cynnar a'r Oesoedd Canol
Yr Oesoedd Canol Cynnar: Cerrig Arysgrifedig a Chloddiau Traws-cefnennau
Eitem Nodwedd 4: Eglwysi'r blaenau – Bedwellte ac Eglwys Sant Illtud, Llanhiledd
(Edith Evans)
Anheddu'r blaenau yn yr Oesoedd Canol
Eitem Nodwedd 5: Castell Meredydd, Machen
(Jeremy Knight)

Contents

7   Foreword by Professor William Manning
9   Acknowledgements
11 Preface

Chapter 1:
Introduction
13 *The Upland Landscape*
16 *The Gwent Uplands in History*
27 *Box Feature 1: Antiquarians and Archaeologists*
    (Frank Olding)

Chapter 2:
Prehistoric Upland Communities
29
44 *Box Feature 2: Twmbarlwm*
    (Ray Howell)

Chapter 3:
The Romans in Upland Gwent
47
56 *Box Feature 3: Gelligaer Roman Fort*
    (Richard Brewer)

Chapter 4:
The Early Medieval and Medieval Periods
59 *The Early Medieval Period: Inscribed Stones and Cross-ridge Dykes*
59
72 *Box Feature 4: Upland Churches – Bedwellty and St Illtyd's, Llanhilleth*
    (Edith Evans)
75 *Medieval Upland Settlement*
82 *Box Feature 5: Castell Meredydd, Machen*
    (Jeremy Knight)

Pennod 5:		**Chapter 5:**
Archaeoleg Ddiwydiannol	97	**Industrial Archaeology**
Diwydiannau Cynnar	97	Early Industry
Y Chwyldro Diwydiannol	99	The Industrial Revolution
Haearn a gwneud haearn	99	Iron and ironworking
Eitem Nodwedd 6: Tirwedd Ddiwydiannol Blaenafon (Peter Wakelin)	100	Box Feature 6: Blaenavon Industrial Landscape (Peter Wakelin)
Carreg galch	108	Limestone
Cynhyrchu glo a haearn	110	Coal and iron extraction
Datblygu'r cysylltiadau cludiant	114	The developing transport infrastructure
Eitem Nodwedd 7: Tirwedd Ddiwydiannol Cwm Clydach (John van Laun)	118	Box Feature 7: Clydach Gorge Industrial Landscape (John van Laun)
Tân a haearn	121	Fire and iron
Twf y llafurlu	121	The growing labour force
Eitem Nodwedd 8: Mynwent Colera Cefn Golau (Frank Olding)	126	Box Feature 8: Cefn Golau Cholera Cemetery (Frank Olding)
Gwrthryfel y Siartwyr – gwrthdystio a gwrthsefyll	128	The Chartist Uprising – protest and protection
Y Diwydiant Glo	133	The Coal Industry
Pennod 6:		**Chapter 6:**
Heddiw ac Yfory	141	**The Present and the Future**
TAITH DYWYS	145	*GUIDED WALK*
Comin Gelli-gaer – Trysorfa Archaeolegol		*Gelligaer Common - An Archaeological Treasure House*
Llyfryddiaeth a Darlleniadau Pellach	150	Bibliography and Further Reading
I Gael Gwybod Rhagor	154	Finding Out More
Mynegai	156	Index

Rhagair

Er ei bod hi'n anodd diffinio 'blaenau Gwent' yn nhermau'r ffiniau gweinyddol yr oes fodern, bro yw hi sy'n uned ddaearyddol a hanesyddol gwbl ystyrlon. Yma ac acw ar draws llawer o'i gweundir uchel cewch chi gymoedd a fu'n ddigon prin eu poblogaeth tan y cyfnod ôl-ganoloesol, mae'n debyg, ac ni wnaeth y fro fawr o argraff ar yr ychydig bobl a ymwelodd â hi. Barn ddamniol yr Archddiacon Coxe (hanesydd sir Fynwy) amdani ar ddiwedd y ddeunawfed ganrif oedd ei bod hi'n 'Wild, dreary and almost uninhabited.' Mewn gwirionedd, yr oedd y pwynt olaf hwnnw ymhell o fod yn wir am fod y fro erbyn hynny'n chwarae rhan allweddol yn natblygiad y chwyldro diwydiannol. Ond ni ddenai byd diwydiant, er pwysiced oedd ef i'r economi, fawr o ymwelwyr, a dyna fel y bu hi tan yn gymharol ddiweddar.

Mewn gwirionedd, fel y dengys llyfr Frank Olding yn glir, mae gan flaenau Gwent lawer i'w gynnig i unrhyw ymwelydd sy'n ymddiddori mewn archaeoleg a hanes. Teg cyfaddef nad yw'r safleoedd archaeolegol traddodiadol o'r cyfnod Neolithig tan yr Oesoedd Canol mor gyffredin ag ydynt mewn rhai rhannau eraill o Gymru, ond maen nhw'n bod, ac ar Gomin Gelli-gaer cewch chi gryn nifer ohonynt. Yn wir, prin yw'r rhannau o'r de sy'n cynnig amrywiaeth mor ddifyr o safleoedd a henebion o bob cyfnod o'r Oes Efydd hyd at yr Oesoedd Canol. Wrth drafod y safleoedd cynnar hynny, mae'r awdur, yn ddoeth ddigon, yn eu cyplysu â henebion o ardaloedd cyfagos i greu darlun mwy cyflawn.

Er hynny, uchafbwynt archaeoleg blaenau Gwent yw ei hamrywiaeth diguro o henebion sy'n ddrych o dreftadaeth ddiwydiannol y fro: bu'r rhan honno o Went yn un o'r canolfannau allweddol yn natblygiad y diwydiant haearn a dur a'r holl chwareli a phyllau glo a grëwyd yn ei sgil. Ar y gorau, fe anwybyddwyd llawer ar yr agwedd honno ar archaeoleg y de tan yn ddiweddar, a chredai rhai mai rhywbeth i'w sgubo ymaith gan ailddatblygiadau oedd hi.

Foreword

'Upland Gwent' is difficult to define in terms of modern administrative boundaries, but it is a geographically and historically meaningful unit. Much of it is high moorland divided by river valleys which, until the post-medieval period, seems to have been sparsely populated, and visitors (who were few) were not unduly impressed by what they found. At the end of the eighteenth century Archdeacon Coxe (the historian of Monmouthshire), damned it as, 'Wild, dreary and almost uninhabited.' In reality, even in his day the latter point was far from true for the area was already playing a key part in the development of the industrial revolution. But industry, no matter how important economically, attracted few visitors, and that has remained the case until relatively recently.

In reality, as Frank Olding's book makes clear, upland Gwent has much to offer any visitor with an interest in archaeology and history. Admittedly, what we may call the traditional archaeological sites, from the Neolithic to the medieval period, are not as common as in some other parts of Wales, but they do exist, and on Gelligaer Common they exist in considerable numbers. In fact few parts of south Wales can show such a fascinating range of sites and monuments of all periods from the Bronze Age to the middle ages. In discussing these early sites the author very sensibly relates them to monuments from adjacent areas to create a more rounded picture.

However, the highpoint of the archaeology of upland Gwent lies in its unrivalled range of monuments which reflect the industrial heritage of the area, for that part of Gwent was one of the key centres in the development of the iron and steel industry, with all the quarrying and coal mining which accompanied it. Until recently this aspect of the archaeology of South Wales was at best largely ignored, at worst regarded as something to be swept away by redevelopment. Fortunately recent years have seen a

Yn ffodus, gwelsom newid aruthrol yn ein hagwedd at henebion o'n gorffennol diwydiannol yn ystod y blynyddoedd diwethaf. Erbyn heddiw, mae llawer o bobl yn sylweddoli i'r fro fod yn un o'r rhanbarthau allweddol yn hanes y diwydiant haearn a dur a bod gweddillion y diwydiannau hynny, a'r byd a grëwyd ganddynt, o bwys hanesyddol mawr. Penllanw'r newid hwnnw yn agwedd pobl oedd cydnabod Blaenafon, un o'r canolfannau allweddol yn natblygiad y diwydiant dur modern, yn Safle Treftadaeth Byd a rhoi iddi'r un statws â'r cestyll mawr a godwyd yn y gogledd gan Edward I.

Archaeolegydd nodedig a aned ym mlaenau Gwent yw Frank Olding ac yno y mae ef wedi treulio'r rhan fwyaf o'i fywyd proffesiynol. Does neb yn gwybod cymaint nac yn gwerthfawrogi mwy ar archaeoleg y fro, a'i lyfr yw'r cyflwyniad perffaith i'r pwnc. Gan mai maes gweledol yw archaeoleg, mae'n sicr y bydd darllenwyr yn ymhyfrydu yn yr awyrluniau gwych a dynnwyd gan y Comisiwn Brenhinol ac sy'n britho'r llyfr hwn. Er nad yw'r lluniau hynod ddifyr hynny, sy'n amrywio o olion cnydau ffosydd gwersyll gorymdeithio Rhufeinig i dirweddau diwydiannol swreal terasau Cwm Clydach, yn ddrych cwbl deg o faint o heulwen a gewch chi bob amser ar dirweddau blaenau Gwent, maent yn gosod y safleoedd o fewn tirwedd y fro mewn ffordd hyfryd o ddramatig.

Yr Athro William Manning, BSc, PhD, FSA
Athro Emeritws Archaeoleg, Prifysgol Caerdydd

profound change in our attitude to the monuments of the industrial past. Today there is a widespread appreciation that this was one of the key regions in the history of the iron and steel industry, and that the remains of those industries, and the world which they created, is of great historical importance. This change of attitude culminated when Blaenavon, one of the key centres in the development of the modern steel industry, was recognised as a World Heritage Site, giving it the same status as the great Edwardian castles of north Wales.

Frank Olding is a distinguished archaeologist who was born and has spent most of his professional life in upland Gwent, and no one has a greater knowledge or appreciation of the archaeology of the area. His book provides the perfect introduction to the subject. Archaeology is a visual subject and readers of this book cannot fail to appreciate the superb aerial photographs taken by the Royal Commission which illustrate it. The landscapes of upland Gwent are not always bathed in quite as much sunshine as in these highly atmospheric photographs – ranging from the crop marks of the ditches of a Roman marching camp to the surreal industrial landscapes of the Clydach terraces – which place the sites within the landscape of the area in the most dramatic manner.

Professor William Manning, BSc, PhD, FSA
Emeritus Professor of Archaeology, Cardiff University

Diolchiadau

Fel brodor o 'Flaenau Gwent', braint a her oedd cael cais i gyfrannu'r gyfrol hon i gyfres y Comisiwn Brenhinol ar archaeoleg uwchdiroedd Cymru. Hoffwn ddiolch i'm cyflogwyr, Cyngor Bwrdeistref Sirol Blaenau Gwent, am adael i mi gael amser i wneud y gwaith perthnasol ac am weld gwerth y prosiect. Diolch o galon hefyd i'r cyfeillion a'r cydweithwyr yn sector treftadaeth Cymru a gytunodd mor rhwydd i lunio eitemau nodwedd sy'n gyforiog o wybodaeth. Hoffwn ddiolch yn arbennig i staff CBHC am eu holl waith caled a'u hamynedd a'u hwyl wrth i'r gyfrol hon gael ei llunio.

Yn y Comisiwn Brenhinol fe reolwyd cynhyrchu'r gyfrol gan Toby Driver a David Leighton gyda chymorth Angharad Williams, David Thomas a Christopher Catling. Cafodd y lluniau eu sganio a'u paratoi gan Fleur James gyda chymorth staff Cofnod Henebion Cenedlaethol Cymru. Paratowyd y mapiau a'r diagramau gan Charles Green a chafwyd y wybodaeth gartograffig gan Jon Dollery. Paratôdd Louise Barker y lluniad o'r arolwg o Byllau'r Glyn. Darparwyd ffotograffau newydd gan Iain Wright. Rhoes Eurwyn Wiliam, Christopher Catling, yr Athro Chris Williams a Henry Owen-John eu sylwadau ar ddrafftiau cynharach o'r llawysgrif. Mae'r Comisiwn Brenhinol hefyd yn ddiolchgar i Oliver Blackmore (Amgueddfa ac Oriel Gelf Casnewydd), Evan Chapman, Catherine Hopkins a Robert Protheroe-Jones (Amgueddfa Cymru), Paul Joyner (Llyfrgell Genedlaethol Cymru), Peter Lord, Chris Martin (Ymddiriedolaeth Archaeolegol Clwyd-Powys) a Rachael Rogers (Amgueddfa'r Fenni) am wybodaeth a lluniau a ddarparwyd adeg llunio'r llyfr. Mae'r Comisiwn Brenhinol hefyd yn ddiolchgar i Lywydd, Cadeirydd a Phwyllgor Cymdeithas Hynafiaethol Sir Fynwy am gefnogi'r cyhoeddiad hwn. Yn olaf, mae'r Comisiwn Brenhinol yn ddiolchgar i bob awdur sydd wedi cyfrannu drwy lunio testun ychwanegol ar gyfer yr amrywiol eitemau nodwedd sy'n taflu goleuni ar henebion a mannau penodol yn hanes blaenau Gwent.

Acknowledgements

As a native of 'Upland Gwent', it was both an honour and a challenge to be asked to contribute this volume of the Royal Commission's series on the archaeology of upland Wales. Thanks are due to my employers, Blaenau Gwent County Borough Council, for allowing me time to undertake the work involved and for seeing the value of the project. Many thanks also to friends and colleagues in the Welsh heritage sector who so readily agreed to compose the informative feature sections. My special thanks go to the staff of RCAHMW for all their hard work, patience and good humour during the preparation of the volume.

At the Royal Commission, production of the volume was managed by Toby Driver and David Leighton with assistance from Angharad Williams, David Thomas and Christopher Catling. Image scanning and preparation was carried out by Fleur James with assistance from staff of the National Monuments Record of Wales. Maps and diagrams were prepared by Charles Green, with cartographic information provided by Jon Dollery. Louise Barker prepared the survey drawing of Glyn Pits. New ground photographs were provided by Iain Wright. Eurwyn Wiliam, Christopher Catling, Professor Chris Williams and Henry Owen-John commented on earlier drafts of the manuscript. The Royal Commission is also grateful to Oliver Blackmore (Newport Museum & Art Gallery), Evan Chapman, Catherine Hopkins and Robert Protheroe-Jones (National Museum Wales), Paul Joyner (National Library of Wales), Peter Lord, Chris Martin (Clwyd-Powys Archaeological Trust) and Rachael Rogers (Abergavenny Museum) for information and images provided during the preparation of this book. The Royal Commission is also grateful to the President, Chairman and Committee of the Monmouthshire Antiquarian Association for lending their support to the publication. Finally the Royal Commission is grateful to all the contributing authors who have provided additional text for the various box features, which shed light on particular monuments and places in the history of upland Gwent.

Ffigur 1: *Mae graddfa anferth gweithfeydd dur Glynebwy – sydd bellach wedi'u dymchwel – i'w gweld yn glir yn y llun gwych hwn o'r gweithfeydd ym 1972 gan Aerofilms.* (Casgliad Aerofilms CBHC A225952, NPRN 34135)

Figure 1: *The huge scale of Ebbw Vale steelworks – now demolished – can be appreciated in this splendid Aerofilms view of the works from 1972.* (RCAHMW Aerofilms Collection A225952, NPRN 34135)

Rhagymadrodd

Gan fod bron hanner tir Cymru'n uwchdir sy'n cyrraedd 250m a rhagor uwchlaw'r môr, mae ei huwchdiroedd hi'n gyforiog o archaeoleg a threftadaeth. Ar ei bryniau a'i mynyddoedd, ac yn enwedig ar y gweundiroedd sydd heb eu hamgáu, mae'r dystiolaeth ynghylch bywydau pobl dros filoedd o flynyddoedd wedi goroesi'n arbennig o dda, ac yn aml mae'r tirweddau hynod werthfawr a bregus hynny o bwys rhyngwladol. Mae'r uwchdiroedd yn cyfrannu at feithrin yr ymwybyddiaeth o hunaniaeth y cymunedau o'u hamgylch ac yn helpu i ffurfio llawer iawn ar gymeriad unigryw a pharhaol Cymru. Mae'r astudio ar y mannau hynny wedi digwydd drwy Fenter Archaeoleg yr Uwchdiroedd gan Gomisiwn Brenhinol Henebion Cymru a'i bartneriaid yn Ymddiriedolaethau Archaeolegol Cymru. Prosiect tymor-hir yw hwnnw ac fe'i cynlluniwyd i hybu dealltwriaeth ehangach a dyfnach o dreftadaeth uwchdiroedd Cymru drwy arolygu, ymchwilio a chyhoeddi. O ganlyniad, darganfuwyd llu o safleoedd nad oeddent yn hysbys cynt ac mae'r Fenter yn dechrau ateb cwestiynau pwysig am hanes Cymru a'i phobl. Yn wir, nid gor-ddweud yw honni iddi chwyldroi'n darlun ni o archaeoleg Gwent a Morgannwg. Yn nhiriogaeth Safle Treftadaeth Byd Blaenafon, daeth arolygon a wnaed rhwng 2000 a 2004 o hyd i gynifer â 1536 o nodweddion archaeolegol a oedd heb eu cofnodi cynt. Daeth arolwg o Fynydd Maen a Mynydd Henllys o hyd i 108 o safleoedd newydd a daeth gwaith tebyg ym Mlaenau Gwent o hyd i 678 o safleoedd. Mae uwchdiroedd de-ddwyrain Cymru wedi dangos eu bod yn drysorfa archaeolegol wirioneddol gyfoethog.

Mae llawer o'r wybodaeth sydd wedi'i chasglu gan y Fenter i'w gweld ar gronfa ddata ar-lein y Comisiwn, sef *www.coflein.gov.uk*, ac ar gronfa ddata Ymddiriedolaeth Archaeolegol Morgannwg-Gwent yn *www.archwilio.org.uk*. Gellir chwilio archaeoleg ehangach Cymru ar-lein drwy Borth Cymru Hanesyddol yn *www.cymruhanesyddol.gov.uk*.

Preface

The uplands of Wales are rich in archaeology and heritage. Nearly half the country is upland in terms of elevation, rising to well above 200m. In these hills and mountains, especially in unenclosed moorland, evidence for the lives of people over thousands of years survives exceptionally well, and these precious and often fragile landscapes are of international significance. The uplands contribute to the sense of identity of the communities that surround them and help to form in large measure the unique and enduring character of Wales. The study of these areas has taken place through the Uplands Archaeology Initiative of the Royal Commission on the Ancient and Historical Monuments of Wales and its partners in the Welsh Archaeological Trusts. This is a long-term project designed to promote a wider and deeper understanding of Welsh upland heritage through survey, research and publication. It has led to the discovery of many previously unidentified sites and is beginning to answer important questions about the history of Wales and her people. Indeed, it is no overstatement to claim that the Initiative has revolutionised our view of the archaeology of Gwent and Glamorgan. In the area of the Blaenavon World Heritage Site alone, surveys carried out between 2000 and 2004 identified no less than 1536 previously unrecorded archaeological features. A survey of Mynydd Maen and Mynydd Henllys produced 108 new sites and similar work in Blaenau Gwent identified 678. The uplands of south-east Wales have proved to be a veritable archaeological treasure house.

Much of the information gathered by the Initiative is available via the Commission's online database at *www.coflein.gov.uk* and via the Glamorgan-Gwent Archaeological Trust's database at *www.archwilio.org.uk*. The wider archaeology of Wales can be searched online via the Historic Wales Portal at *www.historicwales.gov.uk*.

Ffigur 2: *Cymesuredd diwydiannol ar raddfa fawr. Dyma ffurf pedol enfawr pentref y glowyr yn Oakdale a oedd yn rhan o Fudiad y Gardd-Bentrefi. Fe'i sefydlwyd 250 o fetrau uwchlaw lefel y môr ym mhen de-ddwyreiniol maes glo'r de.* (AP_2015_4979; NPRN 86853)

Figure 2: *Industrial symmetry on a grand scale. The vast horseshoe of the coal miners' village at Oakdale was part of the Garden City Movement, established at 250 metres above sea level at the south-eastern end of the south Wales coalfield.* (AP_2015_4979; NPRN 86853)

PENNOD 1
Cyflwyniad

Tirwedd y blaenau

Nid bodoli ar eu pennau eu hunain wna blaenau Gwent. Maent yn rhan o dirwedd ehangach o uwchdiroedd ac iseldiroedd. Nid oes iddynt ychwaith ffiniau pendant heblaw'r rhai a orfodwyd arnynt gan weinyddwyr dros y canrifoedd diwethaf. Yn wir, nid yw Gwent yn cyffinio â'r hen Sir Fynwy nac uned llywodraeth leol 1974–96. At ddibenion y llyfr hwn, 'blaenau Gwent' yw cornel ogledd-orllewinol sir hanesyddol Mynwy yn ogystal â'r tiroedd cyfagos, sef Comin Gelli-gaer (ym Morgannwg, ar ochr orllewinol Cwm Rhymni), Cwm Clydach (rhan o sir Frycheiniog gynt) a godreon deheuol Mynydd Llangynidr a Mynydd Llangatwg (yn y Bowys fodern). Y diriogaeth honno yw pen dwyreiniol cymoedd y de a rhan o Fannau Brycheiniog. Dyma, yn llythrennol, flaenau Gwent, sef y cefnennau uchel a'r gweundiroedd y mae cymoedd poblog afonydd Rhymni, Sirhywi, Ebwy, Lwyd a Chlydach yn eu croesi o'r gogledd i'r de ac sydd â Dyffryn Wysg yn llinell derfyn iddynt yn y gogledd.

Mae daeareg sylfaenol y fro'n cynnwys creigiau carbonifferaidd, sef Carreg Galch Garbonifferaidd a Grut Melinfaen ar hyd yr ymylon gogleddol a dwyreiniol, a thywodfeini Mesurau Glo (Pennant) mewn mannau eraill. Ar wahân i'r ymylon o garreg galch, tywodfaen Pennant Uchaf yw'r rhan fwyaf o greigwely copaon y cefnennau sy'n rhedeg o'r gogledd i'r de. Ar lethrau'r bryniau, daw brigiadau o dywodfaen Pennant Isaf i'r golwg a chodi uwchlaw'r Mesurau Glo Uchaf. Yn y mannau uchaf mae llawer o'r pridd yn "loamy permeable upland soils over sandstone, with a wet peaty surface and a bleached subsurface horizon, poor and moderate grazing value" (map yr Arolwg o'r Pridd, uned 654c, Cymdeithas

CHAPTER 1
Introduction

The Upland Landscape

The uplands of Gwent do not exist in isolation but form part of a broader landscape of both upland and lowland. Nor are they defined by hard boundaries, aside from those imposed upon them by administrators in recent centuries. Indeed, Gwent is not coterminous with either the old county of Monmouthshire or the 1974–96 local government unit. For the purposes of this book, 'Upland Gwent' consists of the north-western corner of the historic county of Monmouthshire with the addition of its immediate hinterland comprising Gelligaer Common (in Glamorgan, on the west side of the Rhymney valley), the Clydach Gorge (formerly part of Brecknock) and the southern margins of Mynydd Llangynidr and Mynydd Llangatwg (in modern Powys). This area forms the eastern end of the valleys of south Wales and part of the Brecon Beacons massif. These are, literally, the *blaenau* ('uplands') of Gwent – the high ridges and moorlands dissected north to south by the populous valleys of the rivers Rhymney, Sirhowy, Ebbw, Afon Lwyd and Clydach and bounded to the north by the Usk valley.

The underlying geology of the region comprises carboniferous rocks – Carboniferous Limestone and Millstone Grit along the northern and eastern margins and Coal Measures (Pennant) sandstones elsewhere. Away from the limestone margins, the bedrock of the summits of the north-south ridges is largely Upper Pennant sandstone. On the hillsides, outcrops of Lower Pennant sandstone are exposed, overlying the Upper Coal Measures. Much of the soil on the highest area comprises "loamy permeable upland soils over sandstone, with a wet peaty surface and a bleached subsurface horizon,

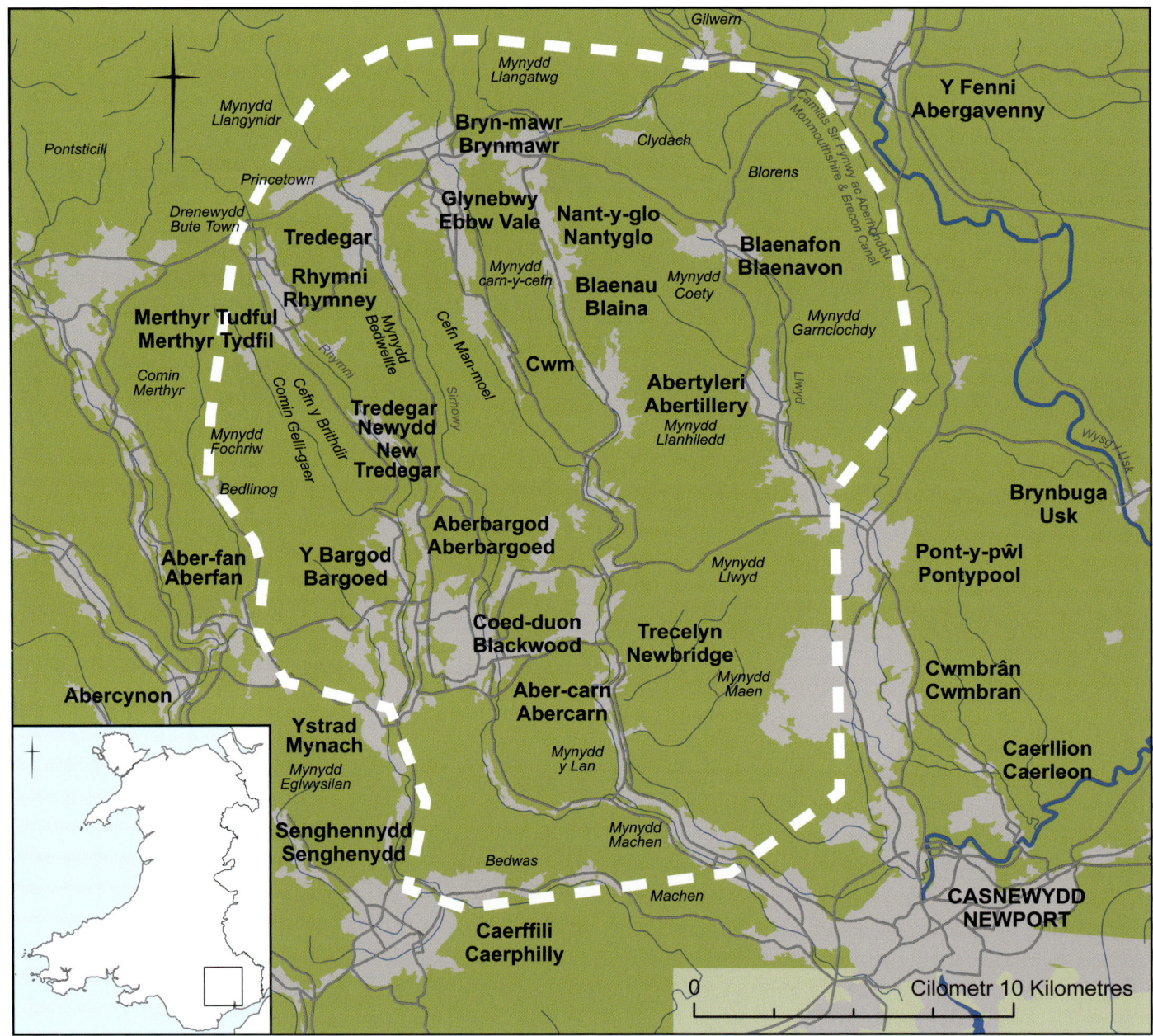

Ffigur 3: *Map o leoliadau sy'n dangos y trefi a'r pentrefi, y mynyddoedd a'r tiroedd comin allweddol, sef craidd y blaenau sy'n cael sylw yn y llyfr hwn (llinell doredig), ynghyd â thirwedd ehangach y de-ddwyrain.* (AUG2016_01)

Figure 3: *Location map with key towns and villages, mountains and commons showing the core upland area covered by this book (dotted line) together with the broader landscape of south-east Wales.* (AUG2016_01)

Gelli-gaer; Arolwg o'r Pridd 1983). Tir pori garw yw'r rhan helaethaf o'r blaenau a cheir peth amaethu âr a bugeiliol ar y llethrau isaf. Tyfir planhigfeydd o goed conwydd hefyd dros eangderau mawr.

poor and moderate grazing value" (Soil Survey map, unit 654c, Gelligaer Association; Soil Survey 1983). The bulk of the upland is utilised as rough grazing with some limited arable and pastoral farming on the lower slopes. Large areas are also given over to conifer plantations.

Ffigur 4: *Yr oedd daeareg yn allweddol i lwyddiant diwydiannol cymoedd Gwent. Mae'r llun hwn yn dangos sgarp mawr a chwarrau carreg galch Darren Disgwylfa, islaw Tŵr Pen-cyrn ar Waun Watcyn (yn y tu blaen), gan edrych tua'r de-ddwyrain draw at Fryn Gilwern yn y pellter canol a'r Blorens y tu hwnt iddo. Mae pentref Gilwern yn Nyffryn Wysg i'w weld i'r chwith o'r canol.* (AP_2008_2666)

Figure 4: *Geology was the key to industrial success in the Gwent valleys. This view shows the great escarpment and limestone quarries of Darren Disgwylfa, below Tŵr Pen-cyrn at Waun Watcyn (foreground), looking south-east to Gilwern Hill in the middle distance and Blorenge beyond. The settlement of Gilwern on the Usk valley can be seen centre-left.* (AP_2008_2666)

Hanes blaenau Gwent

Disgrifiad yr Archddiacon William Coxe (1747–1828) o flaenau Gwent yn ei gyfrol *An Historical Tour through Monmouthshire* ym 1801, oedd "a wild, dreary, and almost uninhabited district, among bleak hills and barren moors" ac aiff ymlaen i ddweud bod yr ardal:

> is supposed to be barren of objects, either interesting or picturesque, and is therefore called the *Wilds* of Monmouthshire, and seldom visited by the gentry, except for the purpose of growse shooting. (Coxe, 1801: 245)

Ym 1779, cyhoeddodd y Parch. Edmund Jones (1702–1793), gweinidog lleol ar yr Annibynwyr, *A Geographical, Historical, and Religious Account of the Parish of Aberystruth*. Iddo ef, yr oedd blaenau Gwent yn fwy croesawgar na hynny. Wedi'r cyfan, yr oedd ef yn frodor o'r bryniau hynny ac ynddynt gwelai "a large and Mighty proof of the being of GOD" ac enghreifftiau lu o ragluniaeth a daioni'r Creawdwr (Jones, 1779: 42). Ymhyfrydai'n arbennig yng nghymoedd uchaf Blaenau Gwent:

> As to the Valley of Tillery … It is by far the most delightful of the three Valleys. There is something in the situation, form and prospect of this Valley, which makes it a very delightful part of the Parish to dwell in, especially the lower part of it. (Jones, 1779: 16–17)

Fel brodor, yr oedd hefyd yn gyfarwydd â rhinweddau ardal nad oedd, i eraill, yn ddim ond diffeithwch gwag a llwm:

> The Land is rather poor and barren, than rich and fruitful, especially in the upper ends of the Valleys, and more proper for Pasture than Corn … But in the lower ends on the East sides of the Valleys there are many Corn-fields, but more of Oats than of Wheat and Barley … (Jones, 1779: 39–40).

The Gwent Uplands in History

In 1801, in his *An Historical Tour through Monmouthshire*, Archdeacon William Coxe (1747–1828) described the Gwent uplands as "a wild, dreary, and almost uninhabited district, among bleak hills and barren moors" and went on to say that the area:

> is supposed to be barren of objects, either interesting or picturesque, and is therefore called the *Wilds* of Monmouthshire, and seldom visited by the gentry, except for the purpose of growse shooting. (Coxe 1801: 245)

In 1779, Rev. Edmund Jones (1702–1793), a local Independent minister, published *A Geographical, Historical, and Religious Account of the Parish of Aberystruth*. To him, the Gwent uplands were less forbidding. He was, after all, a native of these hills and saw in them "a large and Mighty proof of the being of GOD" and manifold examples of the Creator's providence and goodness (Jones 1779: 42). Edmund Jones took particular delight in the high valleys of Blaenau Gwent:

> As to the Valley of Tillery … It is by far the most delightful of the three Valleys. There is something in the situation, form and prospect of this Valley, which makes it a very delightful part of the Parish to dwell in, especially the lower part of it. (Jones 1779: 16–17)

As an insider, he was also familiar with the virtues of an area that others regarded merely as a bleak and desolate waste:

> The Land is rather poor and barren, than rich and fruitful, especially in the upper ends of the Valleys, and more proper for Pasture than Corn … But in the lower ends on the East sides of the Valleys there are many Corn-fields, but more of Oats than of Wheat and Barley … (Jones 1779: 39–40).

Cyflwyniad • Introduction

Ffigur 5: *Awyrlun sy'n edrych i lawr Cwm Tyleri o'r gogledd. Mae Abertyleri yn y pellter canol.* (AP_2014_3102)

Figure 5: *Aerial view down the Tillery valley from the north showing Abertillery in the middle distance.* (AP_2014_3102)

Yr oedd hyd yn oed y gweundiroedd a chefnennau uchel y cymoedd yn rhan hanfodol o'r economi lleol:

> The Mountains afford much pasture in the Spring and Summer for Cattle and Sheep, which very far makes amends for the Comparative poverty of the

Even the moorlands and high valley ridges constituted a vital part of the local economy:

> The Mountains afford much pasture in the Spring and Summer for Cattle and Sheep, which very far makes amends for the Comparative poverty of

land, and puts the Inhabitants in an equality with those who dwell in richer lands. Their Cattle and Sheep are the greatest riches of the Inhabitants, together with their wood for the use of the Iron works in the Neighbouring Parishes, which of late bear a high price. With all these together they buy what is needful for use, and live sufficiently. (Jones, 1779: 40)

On the Mountains are the Growse and Red-game Birds, much esteemed and sought after by Gentlemen in proper season. Many Wood-cocks

the land, and puts the Inhabitants in an equality with those who dwell in richer lands. Their Cattle and Sheep are the greatest riches of the Inhabitants, together with their wood for the use of the Iron works in the Neighbouring Parishes, which of late bear a high price. With all these together they buy what is needful for use, and live sufficiently. (Jones 1779: 40)

On the Mountains are the Growse and Red-game Birds, much esteemed and sought after by Gentlemen in proper season. Many Wood-cocks

Ffigur 6: *Corlannau defaid ar Fynydd Llanhiledd. Ffermio defaid sy'n dal i fod yn brif weithgarwch ar y blaenau ac sy'n bennaf cyfrifol am gynnal tirwedd agored y gweundiroedd.* (AP_2014_3082, NPRN 421322)

Figure 6: *Sheep pens on Mynydd Llanhilleth. Sheep farming is still the mainstay of upland land use and is largely responsible for maintaining the open landscape of moorland areas.* (AP_2014_3082, NPRN 421322)

in the watry Wood. And on the Mountains and their sides, great store of those delicious Fruit, the Worts or Billberries, which immediately succeeded the Strawberries, which are taken with Bread and Milk; and sold in Markets by the poor. (Jones, 1779: 40)

O'r diwedd, ym 1798 ac wedi iddo ddofi ei ragfarnau cychwynnol, fe ymwelodd yr Archddiacon Coxe â'r fro. Dyma'i ddisgrifiad o groesi'r gweundir uwchlaw Pont-y-pŵl a disgyn wedyn i Gwm Tyleri:

> I was surprised with a view of an extensive district well peopled, richly wooded, and highly cultivated, almost rivalling the fertile counties of England. Slowly descending from the dreary heath, we looked down with delight upon numerous vallies which abound with romantic scenery, and passed several rills bubbling from the sides of the hill, and swelling Tilery; beneath us at a distance we distinguished the Little Ebwy, bursting through a deep, narrow, and woody glen, and only visible by its foam glistening through the thick foliage. (Coxe, 1801: 246)

Prin yw'r trigolion yn Abertyleri heddiw a fyddai'n adnabod disgrifiad Coxe o'r baradwys wledig honno. Ond hyd yn oed i Edmund Jones, yr oedd gwedd fwy sinistr i flaenau Gwent. Yn ei bennod "Of Apparitions and Agencies of the Fairies &c.", cawn ddisgrifiad amhrisiadwy gan lygad-dyst o gredoau pobl leol cyn y Chwyldro Diwydiannol. Cyfrannai Edmund Jones o gred ddidwyll ei gymdogion ym modolaeth y tylwyth teg ac ysbrydion eraill. Nid rhyw ofergoel hynod oedd yr "agents of Hell" hynny, ond ffaith feunyddiol:

> Abundance of people saw them, and heard their musick, which every one said was low and pleasant, but none could ever learn the Tune. (Jones, 1779: 69)

in the watry Wood. And on the Mountains and their sides, great store of those delicious Fruit, the Worts or Billberries, which immediately succeeded the Strawberries, which are taken with Bread and Milk; and sold in Markets by the poor. (Jones 1779: 40)

Having overcome his initial prejudice, Archdeacon Coxe finally visited in 1798. He describes crossing the moorland above Pontypool and then descending into the Tillery valley:

> I was surprised with a view of an extensive district well peopled, richly wooded, and highly cultivated, almost rivalling the fertile counties of England. Slowly descending from the dreary heath, we looked down with delight upon numerous vallies which abound with romantic scenery, and passed several rills bubbling from the sides of the hill, and swelling Tilery; beneath us at a distance we distinguished the Little Ebwy, bursting through a deep, narrow, and woody glen, and only visible by its foam glistening through the thick foliage. (Coxe 1801: 246)

Few modern residents of Abertillery would recognise Coxe's bucolic idyll. However, even to Edmund Jones, the Gwent uplands also had a more sinister aspect. In his chapter entitled "Of Apparitions and Agencies of the Fairies &c.", he gives an invaluable first-hand account of the beliefs of the local people before the Industrial Revolution. Edmund Jones shared his neighbours' sincere belief in the existence of fairies and other spectres. These "agents of Hell" were not some quaint superstition, but a fact of everyday life:

> Abundance of people saw them, and heard their musick, which every one said was low and pleasant, but none could ever learn the Tune. (Jones 1779: 69)

Mynychai'r tylwyth teg y mannau "dry, lightsome, pleasant" ar ben y cefnennau gan ymhyfrydu'n arbennig yng nghysgod y coed derw yno. Er y gallent fod yn garedig ac yn barod i helpu'r rhai a ddangosai'r parch priodol atynt, gallent fod yn ddialgar a chreulon wrth y rhai a'i digiai. Ymddangosent ar amrywiol weddau – yn "ganhwyllau corff", sef goleuadau goruwchnaturiol a ragwelai farwolaeth, yn doilïau ac yn gwmnïau o ddawnswyr a cherddorion:

> When they appeared like dancing Companies they were desirous to entice persons into their Company, and some were drawn among them and remained among them some time; usually a whole year; as did Edmund William Rees, a Man whom I well knew, and was a Neighbour, who came back at the year's end, and looked very bad. (ibid: 70)

Mae Jones hefyd yn cofnodi cred hŷn a llawer tywyllach yn yr ysbrydion ar ffurf tywyswyr a geid ym mynyddoedd blaenau Gwent. Yr oedd y gweundir gwyntog rhwng Abertyleri a Phont-y-pŵl yn gartref i ddrychiolaeth ryfedd a arweiniai deithwyr ar gyfeiliorn ar draws y mynyddoedd llwm:

> The Apparition was the resemblance of a poor old woman, with an oblong four-cornered hat, ash-coloured clothes, her apron thrown a-cross her shoulder, with a pot or wooden Can in her hand, such as poor people carry to fetch milk with, always going be fore them, sometimes crying out wow up. Who ever saw this Apparition, whether by night or in a misty day, though well acquainted with the road, they would be sure to lose their way; for the road appeared quite different to what it really was; and so far sometimes the fascination was, that they thought they were going to their journey's end when they were really going the contrary way. (ibid: 35)

The fairies frequented the "dry, lightsome, pleasant" places on the ridge-tops and were particularly fond of the shade of oak trees. They could be kindly and helpful to those who showed them proper respect but also vindictive and cruel to those who angered them. They appeared in various guises – as "corpse candles" – supernatural lights that foretold death; as ghostly funerals and as dancing companies with musicians:

> When they appeared like dancing Companies they were desirous to entice persons into their Company, and some were drawn among them and remained among them some time; usually a whole year; as did Edmund William Rees, a Man whom I well knew, and was a Neighbour, who came back at the year's end, and looked very bad. (ibid: 70)

Jones also records an older and much darker belief in ghostly guides who haunted the mountains of upland Gwent. The wind-swept moorland between Abertillery and Pontypool was home to a strange phantom who led travellers astray across the bleak mountains:

> The Apparition was the resemblance of a poor old woman, with an oblong four-cornered hat, ash-coloured clothes, her apron thrown a-cross her shoulder, with a pot or wooden Can in her hand, such as poor people carry to fetch milk with, always going be fore them, sometimes crying out wow up. Who ever saw this Apparition, whether by night or in a misty day, though well acquainted with the road, they would be sure to lose their way; for the road appeared quite different to what it really was; and so far sometimes the fascination was, that they thought they were going to their journey's end when they were really going the contrary way. (ibid: 35)

Cyflwyniad • Introduction

Ffigur 7: *Hen Wrach y Bryniau, yr ysbryd y dywedodd teithwyr lleol iddynt ei gweld yn fynych cyn cyfnod y Chwyldro Diwydiannol.* (Sikes 1880)

Figure 7: *Hen Wrach y Bryniau, the Old Woman of the Mountains, a ghostly presence commonly reported by local travellers before the Industrial Revolution.* (Sikes 1880)

Ffigur 8: *Y comin uchel rhwng y Farteg a Chwmtyleri; awyrlun o'r de-orllewin tuag at domenni gwastraff Pwll Glo Bryn Farteg (canol) a Mynydd Farteg Fawr. Gwelir y llinell derfyn afreolaidd rhwng y tir amaeth amgaeedig a'r gweundir.* (AP_2014_3100)

Figure 8: *The upland common between Varteg and Cwmtillery; aerial view from the south-west towards the waste tips of Varteg Hill Colliery (centre) and Mynydd Farteg Fawr, showing the irregular interface between encroaching enclosed farmland and moorland.* (AP_2014_3100)

Cyflwyniad • Introduction

Ffigur 9: *Tiroedd comin Twyn Du (de) a Gwastad (canol) i'r dwyrain o Gwmtyleri, gan edrych tua'r gogledd.* (AP_2014_3086)

Figure 9: *Twyn Du (right) and Gwastad (centre) commons to the east of Cwmtillery, view looking north.* (AP_2014_3086)

Bydd archaeolegwyr yn aml yn dyfalu ynghylch tirweddau sydd wedi'u 'mytholegu', sef rhai sydd wedi magu cymeriad grymus ac arbennig oherwydd gosod arnynt haen ar ôl haen o hanes, traddodiad a llên gwerin, ynghyd â safleoedd archaeolegol ac iddynt rin myth a chwedl. Ym mlaenau Gwent, does dim angen dyfalu am fod y mythau'n goroesi ac yn cyfrannu i gymeriad bro arbennig iawn.

Mor gynnar â'r nawfed neu'r ddegfed ganrif, enynnodd y fro ddiddordebau hynafiaethol y beirdd cynnar. Yn Llyfr Du

Archaeologists often speculate about 'mythologised' landscapes – of landscapes given a particular and powerful character by layer upon layer of history, tradition and folktale and of archaeological sites empowered by myth and legend. In upland Gwent, speculation is redundant – the myths survive to contribute to the character of a very special place.

As early as the ninth or tenth centuries, the antiquarian interests of the early Welsh poets were drawn by the area. The *Black Book of Carmarthen* includes poems of this

Caerfyrddin mae cerddi o'r cyfnod hwnnw'n cofnodi esboniadau'r oes o nodweddion hynafol ar y dirwedd. Credid bod pob twmpath yn orffwysfa i arwyr gwych rhyw orffennol chwedlonol ac yn aml fe gyferbynnid grym a gwychder yr arwr â gwedd anial ei fedd.

Wrth lunio'i *Vita Cadoci* ("Buchedd Cadog") tua 1090, barnai Lifris o Lancarfan fod y mynyddoedd hyn hefyd yn gefndir addas i chwedlau Arthur. Pan ddihangodd Gwladus, merch Brychan, brenin Brycheiniog, a phriodi brenin lleol o'r enw Gwynllyw – yr enwyd Gwynllŵg (rhan orllewinol Gwent) ar ei ôl – aeth Brychan a'i filwyr ar eu trywydd. A hwythau ar fin cael eu dal, daeth Gwynllyw a Gwladus at fryn o'r enw Boch Rhiw Carn a chyfarfod ag Arthur a'i gymdeithion, Cai a Bedwyr, wrthi'n chwarae dis yno. Ar unwaith, fe drechodd y "tri arwr nerthol" *(tres heroes strenui)* Frychan a'i wŷr mewn brwydr waedlyd, ond nid cyn i Arthur ystyried herwgipio Gwladus drosto'i hun. Aeth y cwpwl hapus yn eu blaen, a ffrwyth eu serch oedd Sant Cadog. Boch Rhiw Carn yw un o'r carneddau crwn o'r Oes Efydd o amgylch Comin Gelli-gaer sef, yn fwy na thebyg, Carn y Bugail, y fwyaf ohonynt. A dyma Arthur, Cai a Bedwyr yn ymladd brwydr ar y gweundir llwm uwchlaw Fochriw – o leiaf yn nychymyg llamsachus clerigwr o'r unfed ganrif ar ddeg.

Er i fryniau blaenau Gwent gael eu galw'n "barren of objects, either interesting or picturesque", maent dros y canrifoedd wedi denu sylw rhai o ysgolheigion mwyaf blaenllaw eu hoes. Bu i Edward Lhuyd (1660–1709) – yr ysgolhaig Celtaidd, yr ieithegydd, y botanegydd, yr hynafiaethydd a Cheidwad Amgueddfa Ashmole yn Rhydychen – dreulio haf 1693 yn teithio o amgylch y de

period recording contemporary explanations for ancient features in the landscape. Mounds were invariably regarded as the resting places of great heroes of a legendary past – the former vigour and splendour of the hero often being contrasted with the desolation of his grave.

To Lifris of Llancarfan, writing his *Vita Cadoci* ("Life of St Cadog") in about 1090, these mountains were also a fitting setting for Arthurian legends. A local king called Gwynllyw – after whom Gwynllŵg (the western part of Gwent) was named – eloped with Gwladus, a daughter of Brychan, king of Brycheiniog. Brychan gave chase with his warriors. When he had almost caught the couple, Gwynllyw and Gwladus came to a hill named *Boch Rhiw Carn* where they met Arthur and his companions, Cei and Bedwyr, playing dice. The "three vigorous heroes" *(tres heroes strenui)* promptly defeated Brychan and his men in a bloody battle, but not before Arthur had considered kidnapping Gwladus for himself. The happy couple go on their way, and the result of their newly-wed passion is the holy St Cadog himself. *Boch Rhiw Carn* is one of the Bronze Age round cairns on Gelligaer Common, probably Carn y Bugail, the largest of them. So here we have Arthur, Cei and Bedwyr fighting a battle on the bleak moors above Fochriw – at least in the fevered imagination of an eleventh century cleric.

Albeit reputed "barren of objects, either interesting or picturesque", the hills of upland Gwent have, over the centuries, attracted the attention of some of the foremost scholars of their day. Edward Lhuyd (1660–1709) – Celtic scholar, philologist, botanist, antiquary and Keeper of the

Ffigur 10: *Carreg ogam Cwm Criban o gyfnod canoloesol cynnar. Mae'r llun hwn yn dangos yr wyneb ar y maen hir ac arno arysgrif mewn ogam, yr hen sgript Wyddelig a ddefnyddiai linellau syth neu letraws sy'n cwrdd â llinell ganol ddi-dor.* (DS2015_132_004; NPRN 92146)

Figure 10: *Cwm Criban ogham stone of early medieval date. This image shows one face of the monolith down which is an inscription in ogham, an ancient Irish script formed by parallel strokes flanking or crossing a continuous line.* (DS2015_132_004; NPRN 92146)

gan gasglu gwybodaeth er mwyn ceisio diwygio cyfrol Camden, *Britannia* (a gyhoeddwyd ym 1695). Fe ymwelodd â blaenau Gwent a disgrifio carreg arysgrifedig Comin Gelligaer (Redknap a Lewis, 2007: 7). Ym 1695, fe ddychwelodd ef (neu ei gynorthwywyr) a chofnodi, am y tro cyntaf, y garreg ogam yng Nghwm Criban (ibid., 176). Gwnaeth arolygon o hynafiaethau Siroedd Morgannwg a Mynwy ym 1697.

Hynafiaethydd brwd ac egnïol, ar ddiwedd y ddeunawfed ganrif a dechrau'r ganrif ddilynol, oedd yr Archddiacon Henry Thomas Payne (1759–1832). Bu'n giwrad Llanelli (ym Mrycheiniog) ac, yn ddiweddarach, yn rheithor Llanbedr a Phatrisio. Bu'n cloddio i garneddau ar Fynydd Llangatwg a Mynydd Llangynidr ym 1806 ac, yn ddiweddarach, i "Trefil Glas Cairn, a cairn of very great size" (CBHC, 1997: 67). Gallai hynny'n hawdd fod yn gyfeiriad at y Garn Fawr sydd ychydig i'r gorllewin o Ogof y Siartwyr. Mae ei lawysgrifau yn Llyfrgell Genedlaethol Cymru yn rhoi cipolwg amhrisiadwy ar fywyd ei blwyfolion yn Nyffryn Wysg a'r Mynydd Du yn niwedd y ddeunawfed ganrif.

Cyhoeddodd Syr Joseph Bradney (1859–1933) ei gyfrol *A History of Monmouthshire: From the coming of the Normans into Wales down to the present time* mewn 12 rhan rhwng 1904 a'i farw ym 1933. Mae'r arolwg enfawr hwnnw â'i ddarluniau helaeth a'i ddwsinau o achau yn dal yn waith cyfeirio sylfaenol a hanfodol wrth fynd ati o ddifrif i astudio hanes neu achau lleol yn Sir Fynwy. Serch hynny, mae'n amlwg bod yr adrannau ar flaenau'r sir yn llai sylweddol, a'r ymchwil ynddynt yn llai trwyadl, nag yn y cyfrolau eraill. Yn wir, ni chyhoeddwyd y gyfrol olaf ar Gantref Casnewydd (sy'n cynnwys llawer o flaenau Gwent) tan 1993.

Mewn oes fwy diweddar, mae Rhaglen Gwella Cofrestru Cadw wedi esgor yn y de-ddwyrain ar astudiaethau manwl o'r rhain: safleoedd eglwysig o'r Oesoedd Canol Cynnar, ffosydd traws-cefnennau a thirweddau lle y cynhyrchid haearn, ffyrdd Rhufeinig, safleoedd angladdol a defodol cynhanesyddol, llociau amddiffynedig, cytiau crwn, gwasgariadau lithig a thwmpathau llosg. Mae'r rheiny wedi

Ashmolean Museum in Oxford – spent the summer of 1693 travelling around south Wales gathering data for a proposed revision of Camden's *Britannia* (published in 1695). He visited the Gwent uplands and described the Gelligaer Common inscribed stone (Redknap and Lewis 2007: 7). In 1695, he (or his assistants) returned and recorded for the first time the ogham stone at Cwm Criban (ibid. 176). He conducted surveys of the antiquities of Glamorgan and Monmouthshire in 1697.

Archdeacon Henry Thomas Payne (1759–1832), curate of Llanelli (Brecknock) and later rector of Llanbedr and Partrisio, was an energetic and enthusiastic antiquarian in the late eighteenth and early nineteenth centuries. He dug into cairns on Mynydd Llangatwg and Mynydd Llangynidr in 1806 and later dug into "Trefil Glas Cairn, a cairn of very great size" (RCAHMW 1997: 67). This might well be a reference to Garn Fawr just west of the Chartist's Cave. His manuscripts in the National Library of Wales also give an invaluable insight into the life of his parishioners in the Usk valley and the Black Mountains in the late eighteenth century.

Sir Joseph Bradney (1859–1933) published his *A History of Monmouthshire: From the coming of the Normans into Wales down to the present time* in 12 parts between 1904 and his death in 1933. This is a monumental survey, extensively illustrated and containing dozens of pedigrees and it remains a basic reference work essential for the serious study of local history or genealogy in Monmouthshire. However, the sections on the upland parts of the county are noticeably less substantial and less thoroughly researched than the other volumes. Indeed, the final volume on the Hundred of Newport (which includes much of upland Gwent) was not published until 1993.

In more recent times, the Cadw Scheduling Enhancement Programme has given rise in south-east Wales to detailed studies on Early Medieval ecclesiastical sites, cross-ridge dykes, iron-making landscapes, Roman roads, Prehistoric funerary and ritual sites, defended enclosures, round huts, lithic scatters and burnt mounds.

EITEM NODWEDD 1 • BOX FEATURE 1

Hynafiaethwyr ac Archaeolegwyr • Antiquarians and Archaeologists

Nid peth newydd mo'r diddordeb yn hanes y blaenau hyn. Cyhoeddodd Theophilus Jones (1759–1812) *A History of the County of Brecknock* mewn dwy gyfrol ym 1806 a 1809. Yr oedd yn ymchwilydd diwyd a gofalus ac mae parch mawr iddo fel un a aeth ati'n gynnar i gofnodi cerrig arysgrifedig o'r Oesoedd Canol Cynnar. Bu'n gweithio ar y cyd â'r Parch. Thomas Price (1787–1848), rheithor Cwm Du a gŵr a adweinir yn well wrth ei enw barddol, Carnhuanawc. Yn ogystal â bod yn ysgolhaig Celtaidd rhyngwladol ei barch, yr oedd Thomas Price yn ddrafftsmon dawnus ac fe gynhyrchodd ddarluniadau rhagorol ar gyfer cyfrolau Jones (Redknap a Lewis, 2007: 12).

Efallai mai'r dylanwad pennaf ar astudio blaenau Gwent yn yr ugeinfed ganrif oedd y bartneriaeth bwerus rhwng Syr Cyril a'r Fonesig Aileen Fox, ill dau'n archaeolegwyr mawr. Bu Cyril Fox (1882–1967) yn Geidwad Archaeoleg Amgueddfa Genedlaethol Cymru yn gyntaf (1924–26) ac yna'n Gyfarwyddwr arni (1926–48). Yn ogystal â bod ymhlith ei chyfarwyddwyr mwyaf, bu hefyd yn cloddio'n egnïol. Ac er i Gymru fod yn faes eithriadol o ddeniadol i'w ddoniau, efallai mai ei gyfraniad mwyaf i astudio Gwent oedd cyhoeddi tair cyfrol ar y cyd ag Arglwydd Rhaglan, *Monmouthshire Houses: a study of building techniques and smaller house plans from the 15th to the 17th centuries* (1951–54). Bu'r Fonesig Aileen (1907–2005) wrthi'n cloddio amrywiaeth mawr o safleoedd ledled y de, gan gynnwys cloddio llawer ar gaer Rufeinig Caerllion. Er mai prif ganolbwynt ei diddordeb a'i harbenigedd oedd cynhanes diweddarach Prydain a'r cyfnod Rhufeinig, mae ei gwaith ar drawsffosydd o'r Oesoedd Canol Cynnar ac aneddiadau canoloesol blaenau Morgannwg yn dal yn ganolog i'n dealltwriaeth o'r cyfnodau hynny yn ein hardal ni.

Historical interest in these uplands is not new. Theophilus Jones (1759–1812) published *A History of the County of Brecknock* in two volumes in 1806 and 1809. He was a diligent and careful researcher and is highly regarded as an early recorder of Early Medieval inscribed stones. He worked in collaboration with Rev. Thomas Price (1787–1848), rector of Cwm Du – more widely known by his bardic name of *Carnhuanawc*. Thomas Price was a talented draftsman as well as an internationally esteemed Celtic scholar and supplied excellent illustrations for Jones' volumes (Redknap and Lewis 2007: 12).

Perhaps the greatest influence on the study of upland Gwent in the twentieth century was the formidable partnership of Sir Cyril and Lady Aileen Fox – both established archaeologists in their own right. Cyril Fox (1882–1967) served first as Keeper of Archaeology (1924–26) and later Director of the National Museum of Wales (1926–48). As well as one of the greatest of the Museum's directors, he was also an energetic excavator. Wales provided an endlessly fascinating field for his talents but perhaps his greatest contribution to the study of Gwent was the publication of the three volumes he produced with Lord Raglan, *Monmouthshire Houses: a study of building techniques and smaller house plans from the 15th to the 17th centuries* (1951–54). Lady Aileen (1907–2005) excavated a wide range of sites across south Wales including extensive excavations at Caerleon Roman fortress. Although her primary interest and expertise centred on later British prehistory and the Roman period, her work on Early Medieval cross-dykes and Medieval settlements in the Glamorgan uplands is still central to our understanding of these periods in our area.

cyfoethogi llawer iawn ar ein dealltwriaeth o'r dirwedd archaeolegol ehangach, wedi gwella'r diogelu ar henebion ac wedi rhoi gwedd gliriach ar flaenoriaethau ac agendâu'r ymchwil.

This has greatly improved our understanding of the wider archaeological landscape and has informed better monument protection and improved research priorities and agendas.

Ffigur 11: *Tirwedd Cwm Rhymni: Tredegar Newydd, a Phillipstown i'r dde ohono, gan edrych tua'r gogledd-orllewin tua Rhymni a chopaon Bannau Brycheiniog y tu hwnt iddo.* (AP_2010_1229)

Figure 11: *Rhymney Valley landscape: New Tredegar with Phillipstown to the right, looking north-west towards Rhymney and the peaks of the Brecon Beacons beyond.* (AP_2010_1229)

PENNOD 2
Cymunedau Cynhanesyddol y blaenau

Er bod tystiolaeth bod pobl wedi byw yng Nghymru yn ystod cyfnod maith y cyfnod Palaeolithig, neu 'Hen Oes y Cerrig', ni cheir dim ohoni ym mlaenau Gwent. Yn hytrach, mae'r dystiolaeth glir gynharaf sydd gennym yn perthyn i gyfnod ar ôl yr Oes Iâ ddiwethaf, cyfnod a ddaeth i ben ryw 11,500 o flynyddoedd yn ôl. Ailgyfanheddwyd Prydain gan ddisgynyddion yr helwyr o Oes y Cerrig a oedd gynt wedi symud tua'r de wrth i'r iâ ymledu. Cododd y tymheredd yn gyflym wrth i'r amodau arctig ddod i ben. Yn lle tirwedd o laswelltir agored a mân brysgwydd cyfnod olaf Oes yr Iâ, yr 'Oes Rewlifol Ddiweddar', cafwyd llystyfiant a hoffai wres, a choetiroedd ar eu prifiant. Yn yr amgylchedd mwyfwy cynnes a choediog hwnnw – tirwedd wahanol iawn i'r un heddiw – y ceir tystiolaeth ynghylch helwyr-gasglwyr.

I'r cyfnod Mesolithig neu Oes Ganol y Cerrig (rhyw 9,500–4,000 CC) y mae'r dystiolaeth yn perthyn. Er mai prin yw'r deunydd o flaenau Gwent, mae'r darganfyddiadau ar Fannau Brycheiniog a'r Mynydd Du yn dangos i grwpiau bach o helwyr-gasglwyr ddefnyddio mannau ffafriol yn gyson i dorri ar draws symudiadau tymhorol y ceirw, yr ychen gwyllt, y ceffylau a'r ceirw coch. Yn ystod y gaeaf, fe ymgartrefai'r helwyr a'u teuluoedd mewn gwersylloedd ar yr arfordir neu ar lawr y cymoedd. Yn yr haf, symudai grwpiau llai ohonynt i'r tiroedd hela yn uwch ar y blaenau. Mae gwasgariadau o naddion ac offer bach o fflint (a elwir yn ficrolithiau) yn dangos patrwm eu symudiadau drwy'r dirwedd, a gallant hefyd gynrychioli olion eu gwersylloedd neu eu mannau hela. Mae fflintiau o ddau wasgariad ar Fynydd Machen yn cynnwys crafwyr a llafnau ac yn perthyn i'r Oes Fesolithig ddiweddarach (rhyw 7,900 CC–4,000 CC). Gallai hwnnw fod

CHAPTER 2
Prehistoric Upland Communities

Although there is evidence for a human presence in Wales during the long period of the Palaeolithic, the 'Old Stone Age', there is none from upland Gwent. Instead, the earliest clear evidence we have dates from after the last Ice Age, which ended about 11,500 years ago. Britain was recolonised by the descendants of the Stone Age hunters who had moved south as the ice advanced. With the end of arctic conditions temperatures rose rapidly. The landscape of open grassland and dwarf shrubs of the last phase of the Ice Age, the 'Late Glacial', gave way to warmth-loving vegetation and developing woodland. It was in this warming and increasingly wooded environment, a very different landscape from today, that the presence of hunter-gatherers is detected.

The evidence belongs to the Mesolithic period or Middle Stone Age (about 9,500–4,000 BC). Although material from upland Gwent is scarce, finds from the Brecon Beacons and the Black Mountains show that small groups of hunter-gatherers made regular use of favourable places to intercept the seasonal movements of red deer, elk and aurochs (wild cattle). During the winter, the hunters and their families settled in base-camps on the coast or in the valley bottoms. In the summer months, smaller groups would have moved into the higher hunting grounds in the uplands. Scatters of small flint flakes and tools (known as microliths) indicate their patterns of movement through the landscape and may also represent the remains of their camps or hunting stands. Flints from two scatters on Mynydd Machen include scrapers and blades and date to the later Mesolithic (about 7,900 BC–4,000 BC). This

Ffigur 12: *Llafnau a chrafwyr o fflint y cafwyd hyd iddynt ar Fynydd Machen. Maent yn nodweddiadol o'r pecyn o offer a ddefnyddid gan y grwpiau symudol o helwyr-gasglwyr a fyddai'n ymweld â'r blaenau yn ystod y cyfnod Mesolithig.* (Amgueddfa Casnewydd)

Figure 12: *Flint blades and scrapers, typical of the tool kit used by mobile hunter-gatherer groups who visited the uplands during the Mesolithic period, found on Mynydd Machen.* (Newport Museum)

wedi bod yn fan hela da lle byddai pobl hefyd wedi gwneud offer o fflint neu wedi'u hatgyweirio cyn bwrw ati i gyflawni eu tasg nesaf (Walker, 2004: 49).

Yn ystod y cyfnod Neolithig (rhyw 4,000–2,500 CC) gwelwyd cyflwyno amaethyddiaeth. Defnyddiwyd bwyeill llathredig o fflint a cherrig i glirio'r tir a chreu caeau bach yn y coetir trwchus. Yn Gwernvale, ger Crucywel, dangosodd y cloddio'n glir fod cymunedau amaethu bach wedi ymsefydlu yn Nyffryn Wysg erbyn tua 3,900 CC. Câi

could have been a favoured hunting spot where people also made or repaired their flint tools to undertake an immediate task (Walker 2004: 49).

The Neolithic period or New Stone Age (about 4,000–2,500 BC) saw the introduction of farming. Small fields and clearances were hacked out of the dense woodland using polished axes of flint and stone. Excavations at Gwernvale, near Crickhowell, clearly illustrated the establishment of small farming communities in the Usk

Ffigur 13: *Cloddio yng ngharnedd siambr hir Gwernvale ger Crucywel.* (Ymddiriedolaeth Archaeolegol Clwyd-Powys CS78-003-0191)

Figure 13: *Excavations in progress at Gwernvale chambered long cairn near Crickhowell.* (Clwyd-Powys Archaeological Trust CS78-003-0191)

grawnfwydydd eu tyfu'n lleol a'u trin a'u bwyta ar y safle. Chwaraeai gwartheg, defaid a moch ran hefyd yn yr economi ffermio.

Mae'r bwyeill a'r crafwyr a ddarganfuwyd ar draws blaenau Gwent yn mynd beth ffordd i ddangos hyd a lled y gweithgarwch yn y cyfnod Neolithig. Mae presenoldeb pennau saethau, fel yr enghraifft gain o Fynydd Maen, yn awgrymu bod hela'n dal yn rhan bwysig o ffordd pobl o fyw. Yn ystod y cyfnod Neolithig, hefyd, dechreuodd trigolion y de-ddwyrain ddechrau codi'r henebion mawr

Ffigur 14: *Ffurf deilen pen saeth o'r cyfnod Neolithig. Cafwyd hyd iddo ar Fynydd Maen.* (Amgueddfa Casnewydd)

Figure 14: *Leaf-shaped arrowhead from the Neolithic period, found on Mynydd Maen.* (Newport Museum)

valley by about 3,900 BC. Cereals were grown locally and processed for consumption on site and cattle, sheep and pigs also played a part in the farming economy.

Finds of axes and scrapers across the Gwent uplands go some way to indicating the extent of Neolithic activity. The presence of arrowheads – like the fine example from Mynydd Maen – suggests that hunting was still an important part of people's lifestyle. It was also during the Neolithic period that the inhabitants of south-east Wales began to build the first large-scale ritual monuments –

defodol cyntaf, sef beddrodau siambr enwog y Mynydd Du. Carneddau hir o gerrig yw'r rheiny ac maent ar ffurf lletem. Mae un neu ragor o siambrau claddu wedi'u hadeiladu i mewn i'w pen lletaf neu i'w hochrau. Awgrym rhai archaeolegwyr yw y gall Maen Catwg, ger Gelli-gaer

the famous Black Mountains chambered tombs. These are long, wedge-shaped cairns of stones with one or more burial chambers built into the broad end or the sides. Some archaeologists have suggested that Maen Catwg, near Gelligaer (see below), may represent the remains of

Ffigur 15: *Maen Catwg, carreg gafn-nod, ar Gomin Gelli-gaer. Mae'r clogfaen hwn yn cynnwys pantiau ar ffurf cwpan sydd wedi'u tyllu i'w wyneb. Er ei bod yn anodd dyddio'r pantiau, mae'n debyg iddynt gael eu gwneud yn ystod y cyfnod Neolithig a'r Oes Efydd ddiweddarach. Arferai maen tebyg iddo gerllaw fod yn rhan o feddrod siambr.* (DI2011_2785, NPRN 93097)

Figure 15: *Maen Catwg, a cup-marked stone on Gelligaer Common. This boulder contains simple cup-shaped depressions pecked out of its surface. Although hard to date they seem to have been made during the later Neolithic and Bronze Ages. The nearby presence of a second similar stone, since removed, suggests it may once have formed part of a chambered tomb.* (DI2011_2785, NPRN 93097)

Ffigur 16: *Carneddau crwn Tŵr Pen Cyrn ar frigiad uchel o garreg galch ger copa Mynydd Llangatwg.* (AP_2012_2261, NPRNs 291805 & 292094)

Figure 16: *Twr Pen Cyrn round cairns sited on a high limestone outcrop close to the summit of Mynydd Llangatwg.* (AP_2012_2261, NPRNs 291805 & 292094)

(gweler isod), fod yn olion beddrod siambr a godwyd tua 3,800 CC (CBHC, 1976: 42–3).

Yn yr Oes Efydd Gynnar (tua 2,500 CC–1,200 CC) gwelwyd defnyddio'r offer metel cyntaf, rhai o gopr yn gyntaf ac yna o efydd. Dechreuodd ffermwyr a bugeiliaid yr Oes Efydd glirio llawer ar goedwigoedd y blaenau i geisio

a chambered tomb of about 3,800 BC (RCAHMW 1976: 42–3).

The Early Bronze Age (about 2,500 BC–1,200 BC) brought the first metal tools – first of copper and then of bronze itself. Bronze Age farmers and shepherds began widespread upland forest clearances in search of

creu pridd tyfu. Ehangu i'r bryniau gerllaw wnaeth y bobl a oedd wedi arfer byw'n bennaf ar lawr gwlad yn ystod y cyfnod Neolithig. Troes cefnennau uchel y blaenau'n dir pori i yrroedd o warhteg a diadelloedd o ddefaid, ac ar y cefnennau uchel hynny y gwelir olion mwyaf trawiadol pobl o'r Oes Efydd a'u daliadau crefyddol. Dyna pryd y gwelwyd cyflwyno crugiau a charneddau crwn lle câi unigolion a'u nwyddau eu claddu, a hynny'n aml gyda llestri crochenwaith newydd a elwir yn Ficeri.

Ar hyd y cefnennau sy'n rhedeg o'r gogledd i'r de, tuedd y carneddau a'r crugiau yw clystyru ar y pwyntiau uchaf yn y pennau gogleddol, er y ceir clwstwr pendant o safleoedd ar Fynydd y Grug, uwchlaw Bedwas. Ceir enghreifftiau unigol cain ar Dwyn Cae Huw yn Ynys-ddu, ym Megwns ar Fynydd Machen, yn y Garn Fawr yn Nhrefil ac ar garneddau Carn y Defaid ym Mlaenafon. Ar hyd ymyl ogleddol ein hardal ni ar Fynydd Llangatwg a Mynydd Llangynidr mae'r henebion o'r Oes Efydd yn fwy amrywiol ac yn fwy niferus. Yng Ngwalca, ar y ffordd fynydd o Gendl i Langynidr, ceir grŵp o garneddau claddu, carneddau carega a maen hir nodedig yng Ngharreg Waun Llech. I'r gogledd o Drefil, yng Ngharn Caws, ceir mynwent o saith carnedd ynghyd â pheth prin, sef rhes o gerrig yng Ngharreg Wen Fawr y Rhigos. Ymhellach tua'r de, y crynodiad hynod o safleoedd o'r Oes Efydd ar Gomin Gelli-gaer sy'n golygu fod yma un o dirweddau archaeolegol mwyaf trawiadol Cymru (gweler isod).

Yn ystod canol yr Oes Efydd, tua 1,200 CC, bu newid dychrynllyd yn yr hinsawdd. Gan i'r tywydd droi'n oerach a gwlypach, fe grëwyd y gweundir sy'n gyfarwydd i ni heddiw

cultivable soil. People who had kept mainly to the lower ground during the Neolithic expanded onto the adjoining hills. The high ridges of the uplands became summer grazing grounds for herds of cattle and flocks of sheep and it is on these high ridges that the most striking remains of Bronze Age people and their religious beliefs are to be found. This period saw the introduction of round barrows and cairns containing the burials and grave goods of individuals, often accompanied by the new pottery vessels known as Beakers.

Along the north-south ridges, cairns and barrows tend to cluster at the highest points at the northern ends, though there is a distinct cluster of sites on Mynydd y Grug, above Bedwas. Fine solitary examples occur at Twyn Cae Huw, Ynysddu, at Begwns on Mynydd Machen, Garn Fawr at Trefil and the Carn y Defaid cairns at Blaenavon. Along the northern rim of our area on Mynydd Llangatwg and Mynydd Llangynidr, the Bronze Age monuments are more diverse and are found in greater numbers. At Cwalca, on the mountain road from Beaufort to Llangynidr, there is a group of burial cairns, clearance cairns and a fine standing stone at Carreg Waun Llech. North of Trefil, at Carn Caws, there is a cemetery of seven cairns and a rare stone row at Carreg Wen Fawr y Rugos. Further south, the remarkable concentration of Bronze Age sites on Gelligaer Common represents one of the most spectacular archaeological landscapes in Wales (see below).

The middle of the Bronze Age in the period around 1,200 BC saw a catastrophic change in the climate. The

---

Ffigur 17: *Maen hir Carreg Waun Llech. Mae'r maen hir hwn o'r Oes Efydd ar ochr ogleddol Mynydd Llangynidr. Ceir sawl heneb gladdu yno hefyd. Weithiau, bydd y cloddio wrth feini fel hwn yn dangos nad yw'r monolith ond yn un elfen o drefniant mwy cymhleth o gerrig gosod sydd, fel arall, o'r golwg o dan y tyweirch.* (DI2007_0204, NPRN 301156)

Figure 17: *Carreg Waun Llech standing stone. This Bronze Age standing stone is located on the north side of Mynydd Llangynidr, in the same area as several burial monuments. Excavations at stones like this one sometimes reveal the monolith to be just one element in a more complex arrangement of set stones otherwise obscured by turf.* (DI2007_0204, NPRN 301156)

yn nhirwedd y blaenau. Gor-borwyd tiroedd pori'r haf ar y cefnennau uchel ac fe'u llenwyd â dŵr. Am i fawnogydd orchuddio'r hen borfeydd bras, bu'n rhaid rhoi'r gorau i'r blaenau yn fuan a chafodd y boblogaeth helaethach drafferth i oroesi. Wrth i'r Oes Efydd Ddiweddar (tua 1,200–750 CC) fynd rhagddi, troes y gwrthdaro rhwng y grwpiau yn rhyfela.

Mae'r arfau o'r Oes Efydd Ddiweddar y cafwyd hyd iddynt – fel y celc o waywffyn o Princetown ger Tredegar – yn cynnig digonedd o dystiolaeth o'r cythrwfl hwnnw. Cafwyd hyd i'r celc ym 1964 wrth adeiladu Ffordd Blaenau'r Cymoedd rhwng Dowlais a Chendl, ac ynddo ceir pâr o bennau efydd gwaywffyn a lwmp o efydd sy'n dyddio o gyfnod 'Wilburton' yr Oes Efydd Ddiweddar (tua 1,150–1,000 CC). Mae soced hir a main i ben un o'r gwaywffyn ac ynddo ceir bonyn paladr onnen, pren traddodiadol paladr gwaywffon (Savory, 1980, 51). Wrth chwarela am gerrig ffyrdd yng Ngharn Ifor ger Cendl ym 1922, cododd dynion lechfaen gwastad, ac o dano yr oedd 13 o bennau bwyeill o efydd wedi'u trefnu'n ofalus mewn dwy res. Mae'r bwyeill yn nodweddiadol o'r de ac yn perthyn i'r cyfnod rhwng tua 950 a 750 CC.

Parodd y pwysau hynny ar adnoddau'r blaenau i bobl hefyd ddynodi eu tiriogaethau mewn ffyrdd newydd. Gall y banc isel o gerrig sy'n rhedeg o Glo Cadno, i'r gogledd o Drefil, am ryw gilometr tua'r gogledd-ddwyrain yn hawdd fod yn nodwedd ar linell derfyn o'r Oes Efydd Ddiweddar. I'r dwyrain o garneddau Cwalca (gweler uchod) mae cyfundrefn caeau a all berthyn i'r un cyfnod (CBHC, 1997: 264–7).

Parhaodd yr angen i allu amddiffyn tan ymhell i'r Oes Haearn (tua 750 CC – OC 43), sef y cyfnod a welodd ddyfodiad y diwylliant a'r hunaniaeth Geltaidd bendant a oedd wedi esblygu dros gyfnod maith o gysylltiadau allanol. Yn ystod yr Oes Haearn hefyd datblygodd tiriogaethau llwythol lle'r ymgasglodd pobloedd gwahanol y tu ôl i arweinwyr carismataidd. Tir y Silwriaid oedd Gwent a Morgannwg ac, efallai, rannau o dde Powys; i'r dwyrain, trigai'r Dobunni yn yr hyn sydd bellach yn siroedd Henffordd a Chaerloyw. Efallai mai ar hyd ymyl ddwyreiniol

weather became colder and wetter as the upland landscape developed the moorland character familiar to us today. The summer grazing grounds on the high ridges became overgrazed and waterlogged and soon peat bogs began to cover the once lush pastures. The uplands had to be abandoned and a larger population struggled for survival. As the Late Bronze Age (about 1,200–750 BC) progressed, conflict between groups led to warfare.

Finds of Late Bronze Age weaponry such as the hoard of spears from Princetown, near Tredegar, give ample evidence of troubled times. The hoard was found in 1964 during the construction of the Heads of the Valleys Road between Dowlais and Beaufort and comprises a pair of bronze spearheads and a lump of brass dating to the 'Wilburton' phase of the Late Bronze Age (about 1,150–1,000 BC). One of the spearheads has a long, slender socket containing the stump of an ash shaft, the traditional wood of spear shafts (Savory 1980, 51). At Carn Ifor, near Beaufort, men quarrying for road stone in 1922 unearthed a flat stone slab beneath which were 13 bronze axe-heads carefully laid out in two rows. The axes are typical of south Wales and date to the period from about 950 to 750 BC.

These pressures on upland resources also led people to mark out their territories in new ways. Running from Clo Cadno, north of Trefil, for about a kilometre in a north-easterly direction is a low stone bank that may well be a Late Bronze Age boundary feature. East of the Cwalca cairns (see above) there is a field system that may also date to the same period (RCAHMW 1997: 264–7).

The need for defence continued into the Iron Age (about 750 BC – AD 43) – the period marked by the emergence of a distinctively Celtic culture and identity, having evolved through a long history of external contacts. The Iron Age also saw a rise of tribal territories with disparate peoples coalescing behind charismatic leaders. Gwent and Glamorgan, and perhaps parts of south Powys, were the land of the Silures; to the east, in what is now Herefordshire and Gloucestershire, lived the Dobunni. The frontier between them may have been

Ffigur 18: *Clawdd terfyn Clo Cadno. Clawdd terfyn o ddyddiad cynhanesyddol diweddarach yng Nghlo Cadno ar ochr ogledd-orllewinol Mynydd Llangynidr. Mae'r clawdd yn dilyn llwybr trofaus am ryw gilometr ac fe'i gwelir yma, o dan haen denau o eira, yn croesi llyncdwll sydd wedi ymffurfio ar weundir o garreg galch.* (DI2007_0731, NPRN 91)

Figure 18: *Clo Cadno boundary bank. A boundary bank of later prehistoric date at Clo Cadno on the north-western side of Mynydd Llangynidr. The bank follows a circuitous course for a distance of about 1 kilometre and is seen here, under light snowfall, traversing a sink hole formed in limestone moorland.* (DI2007_0731, NPRN 91)

y Mynydd Du yr oedd y ffin rhyngddynt. Codwyd bryngaerau mawr a ffermydd a phentrefi amddiffynedig mewn mannau strategol i ddiogelu tiriogaethau a rheoli symudiadau.

along the eastern edge of the Black Mountains. Major hillforts and defended farms and villages were erected at strategic points to protect territory and control movement.

Ffigur 19: *Bryngaer Crug Hywel. Saif gwrthgloddiau amddiffynnol trawiadol y fryngaer ar ben y bryn i'r gogledd o Grucywel. Awyrlun o'r gogledd-ddwyrain.* (AP_2009_2003, NPRN 92128)

Figure 19: *Crug Hywel Hillfort. The impressive defensive earthworks of Crug Hywel hillfort crown Table Mountain to the north of Crickhowell. Aerial view from the north-east.* (AP_2009_2003, NPRN 92128)

Ffigur 20: *Map sy'n dangos dosbarthiad y bryngaerau a'r llociau amddiffynedig yn y de-ddwyrain.* (AUG2016_02)

Figure 20: *Map showing the distribution of hillforts and defended enclosures in south-east Wales.* (AUG2016_02)

Mae'r caerau mewn safleoedd fel Crug Hywel a Thwyn y Gaer ar y Mynydd Du yn dal yn drawiadol. Dangosodd y gwaith cloddio arnynt fod i'w llenfuriau tal, yn aml, wyneb o gerrig yn yr Oes Haearn a bod palisadau coed neu ffensys pleth ar eu pennau. Ar y rhagfuriau ceid mannau tramwy a fyddai'n fodd i reoli terfynau allanol y gaer. Prin iawn yw bryngaerau neu lociau o'r Oes Haearn ym mlaenau Gwent ac efallai na lwyddodd yr ardal i ymadfer yn llwyr wedi trychineb amgylcheddol yr Oes Efydd Ganol. Eithriad i'r prinder hwnnw yw Twmbarlwm ger Rhisga (gweler Eitem Nodwedd 2), ond mae'r safle trawiadol hwnnw'n edrych allan tua'r de-ddwyrain ar draws dyffryn llydan Afon Ebwy ac iseldiroedd ffrwythlon glannau aber Afon Hafren. Efallai iddo gyflawni rôl bwysig o ran rheoli mynediad pobl a da byw rhwng y tiroedd isel a'r blaenau.

Y tu allan i'r bryngaerau, trigai pobl mewn llociau amddiffynedig llai o faint. Ar ymyl ddwyreiniol blaenau Gwent, uwchlaw dyffryn Wysg, mae safle Crug y Gaer, lloc bach sydd fwy neu lai'n hirgrwn. Mae iddo ragfur unigol o gerrig ac mae'n mesur rhyw 80 metr wrth 69 metr. Er bod modd ei ddyddio i'r Oes Haearn, mae'n bosibl hefyd i bobl ddal i fyw yno tan gyfnod y Rhufeiniaid. Wrth y fynedfa, mae'r darnau byr o wrthglawdd o gerrig yn erbyn tu blaen a thu cefn y rhagfur o gerrig yn dangos iddo fod rhwng 6 metr a 6.5 metr o led. Mae'n amlwg mai'r bwriad oedd iddo atal ymosodiadau (CBHC, 1986: 15). Ymhlith y dyrnaid o lociau amddiffynedig cyfagos ar y darn uchel hwn o borfa ar y bryniau islaw gweundir uchel a gwastad Mynydd Llangatwg ceir tair bryngaer: bryngaer Coed Pen-twyn yng nghysgod y sgarp, Ffawyddog Gaer, sy'n edrych allan dros Grucywel heddiw, a bryngaer Lan Fawr i'r gogledd o Waun Llech, sef caer a ddarganfuwyd yn ystod gwaith maes y Comisiwn Brenhinol yn yr 1980au. Awgryma hynny, ynghyd â Chrug y Gaer, fod yma gasgliad llac o fryngaerau a ffermydd amddiffynedig o'r cyfnod cynhanesyddol diweddarach.

Gall y llociau hynny'n hawdd fod yn weddillion ffermydd amddiffynedig, sef tŷ neu ddau ar gyfer teulu estynedig, ynghyd â thai allan a'r adeiladweithiau eraill y byddai eu hangen i gynnal economi ffermio cymysg lle câi cnydau fel

Fortifications at sites like Crug Hywel and Twyn y Gaer in the Black Mountains are still impressive. We know from excavations that their tall ramparts were often faced with stone walling in the Iron Age, and topped with timber palisades or wattle fences with rampart walks from which the defensive perimeter could be controlled. There are very few Iron Age hillforts or enclosures in the Gwent uplands and the area may never have fully recovered from the environmental disaster of the Middle Bronze Age. An exception to this scarcity is Twmbarlwm, near Risca (see Box Feature 2) although this commanding site looks out to the south-east across the broad Ebbw valley and the fertile lowlands bordering the Severn estuary. It may have had an important role controlling access of people and livestock between the lowlands and the upland fringe.

Away from the hillforts, people lived in smaller defended enclosures. At the eastern edge of the Gwent uplands, overlooking the Usk valley, is the site of Crug y Gaer. It is a small, roughly oval enclosure defined by a single, stone-built rampart measuring about 80 metres by 69 metres. Although it can be dated to the Iron Age, it is also possible that occupation continued into the Roman period. Near the entrance, short lengths of stone revetment against the front and back of the stone-built rampart show that it was between 6 metres and 6.5 metres wide. It is clear that it was meant to deter attack (RCAHMW 1986: 15). A handful of neighbouring defended enclosures on this elevated tract of hill pasture below the high moorland plateau of Mynydd Llangatwg includes Coed Pentwyn hillfort sited in the lee of the escarpment, Ffawyddog Gaer overlooking present-day Crickhowell and Lan Fawr hillfort to the north of Waun Llech discovered during Royal Commission fieldwork in the 1980s. Together with Crug y Gaer a loose community of later prehistoric hillforts and defended farms is suggested.

These enclosures may well be the remains of defended farmsteads containing one or two houses for an extended family, together with outbuildings and other structures

Ffigur 21: *Bryngaer Lan Fawr ar ben pellaf esgair yn ymyl y gweundir uwchlaw Llangynidr.* (AP_2014_4886, 291776)

Figure 21: *Lan Fawr hillfort, located on the end of a spur close to the moorland fringe above Llangynidr.* (AP_2014_4886, 291776)

gwenith a barlys eu tyfu a defaid, gwartheg a moch eu magu. Yn ystod y cyfnod cynhanesyddol diweddarach, dylem ddisgwyl gweld tir sydd wedi'i reoli'n dda, wedi'i glirio ac wedi'i amgáu'n rhannol, ac mae'n debyg mai'r hyn a welai ymwelydd modern â Gwent yr Oes Haearn fyddai tirwedd amaethu ddigon cyfarwydd.

necessary for a mixed farming economy growing crops such as wheat and barley and raising sheep, cattle and pigs. We should expect a well managed, cleared and partly enclosed countryside during later prehistory and it is likely that a modern visitor to Iron Age Gwent would have seen a largely familiar farming landscape.

Ffigur 22: *Bryngaer Ffawyddog Gaer ar y bryniau isel islaw Mynydd Llangatwg i'r gorllewin o Grucywel.* (AP_2014_4881, NPRN 305976)

Figure 22: *Ffawyddog Gaer hillfort, sited on the lower-lying hills below Mynydd Llangatwg to the west of Crickhowell.* (AP_2014_4881, NPRN 305976)

Ffigur 23: *Bryngaer Coed Llanmelin. Adluniad clasurol gan Alan Sorrell o fynedfa'r fryngaer ar sail ffrwyth y cloddio yn gynnar yn y 1930au. Er y gwyddom ni bellach y byddai'r gwaith coed ar ben y rhagfur wedi bod yn gadarnach na'r gwaith a ddarlunnir, ac na fyddai'r polion wedi estyn drwy doeon y tai crwn, mae'r olygfa'n dal i gyfleu naws bywyd mewn bryngaer yn yr Oes Haearn.* (Amgueddfa Cymru DH000641, NPRN 301559)

Figure 23: *Llanmelin Wood Hillfort. Classic reconstruction by Alan Sorrell of the entrance-gateway to the hillfort based on the results of excavations carried out in the early 1930s. Nowadays we know that the rampart-top timberwork would have been better built than the rustic work depicted, while the roofs of the roundhouses beyond would not have had protruding roof poles. However the scene remains evocative of Iron Age hillfort life.* (National Museum of Wales DH000641, NPRN 301559)

EITEM NODWEDD 2 • BOX FEATURE 2

Twmbarlwm
RAY HOWELL

Bydd trigolion Gwent a modurwyr sy'n gyrru ar hyd yr M4 yn gyfarwydd â gweld Twmbarlwm, y lloc uchel uwchlaw Rhisga ym mhen deheuol cefnen Mynydd Maen.

Mae'r lloc ag un mur, sydd bron yn sicr o fod yn fryngaer o'r Oes Haearn, yn rhedeg ar hyd brig yr esgair am ryw 330 o fetrau o'r gogledd-ddwyrain i'r de-orllewin. Mae'n rhyw 135 metr o led ac yn cynnwys 4.14 hectar o dir. Awgrymwyd bod y bylchau yn yr ochrau deheuol a gorllewinol yn dangos na chwblhawyd y lloc, ond mae'n debycach mai'r esboniad yw i ddifrod gael ei wneud yno'n ddiweddarach. Mae twmpath mawr crwn sy'n 45 metr o ddiamedr ac 8 metr o uchder, ac iddo frig gwastad 20 metr o led, yn dynodi bod yno domen ganoloesol. Mae'n fwy na thebyg mai ffos a dorrwyd i'r graig yw beili'r castell. Weithiau, disgrifiwyd carnedd gysylltiedig fel heneb angladdol ac fe all fod yn cydategu carneddau eraill i'r dwyrain o'r fryngaer, ond mae'n ymddangos yn debycach mai ateg oedd hi i'r bont a gysylltai'r beili â thŵr o goed ar ben y domen. Mae angen gwneud gwaith cloddio archaeolegol yno i gadarnhau'r holl ddehongliadau hyn.

Am na fu ymchwilio archaeolegol yno, nid yw'n ddim syndod bod myth a chwedl wedi ymgysylltu â'r safle. Ceir tomenni claddu a thrysorau mewn llu o straeon amdano, ac fe honnir bod stormydd trydanol a heidiau o wenyn yn diogelu'r domen a'r trysorau y mae cenedlaethau o storïwyr wedi honni iddynt gael eu gosod o dani. Mewn rhai straeon, mae'r gwenyn yn rhyfela â'r gwenyn meirch ac mewn eraill maent yn dylwyth teg yn rhith gwenyn. Yn sicr, yr olaf oedd barn conswl yr Unol Daleithiau yng Nghaerdydd, yr hynafiaethydd Wirt Sikes, a ddisgrifiodd y 'ffenomen' yn ei lyfr, *British Goblins*, a gyhoeddwyd ym 1880.

Residents of Gwent and motorists passing through on the M4 will be familiar with Twmbarlwm, the lofty prominence overlooking Risca on the southern end of the Mynydd Maen ridge.

A single-walled enclosure, almost certainly defining an Iron Age hillfort, runs along the top of this spur some 330 metres north-east to south-west. Roughly 135 metres wide, it defines an area of 4.14 hectares. There are suggestions that gaps in the south and west sides indicate that the enclosure was never completed but later damage seems a more likely explanation. A large circular mound, 45 metres in diameter, 8 metres high with a 20 metres wide level summit, indicates a medieval motte. A rock-cut ditch probably defines the bailey of the castle. An associated cairn has sometimes been described as a funerary monument, possibly complementing other cairns to the east of the hillfort, but it seems more likely that this was an abutment for the bridge linking the bailey to a timber tower on top of the motte. Archaeological excavation is needed to confirm all of these interpretations.

Not surprisingly, given the lack of archaeological investigation, myth and legend have attached themselves to the site. Burial mounds and treasure troves feature in many stories with electrical storms and swarms of bees purportedly protecting the motte and the treasures that generations of story tellers have placed underneath it. In some stories the bees are at war with wasps and in others represent fairies in disguise. The latter was certainly the view of the US consul in Cardiff, the antiquarian Wirt Sikes, who described the 'phenomenon' in his book of *British Goblins* published in 1880.

Ffigur 24: *Bryngaer Twmbarlwm (a thomen ddiweddarach ar ei phen), awyrlun o'r dwyrain.* (AP_2012_3108, NPRN 307848)

Figure 24: *Twmbarlwm hillfort (surmounted by a later motte), aerial view from the east.* (AP_2012_3108, NPRN 307848)

Pa ddehongliad bynnag a gynigir o'r safle trawiadol hwn, gwnaeth argraff ar hyd yr oesoedd. Fe gydiodd yn nychymyg John Leland yn ei lyfr *The Itinerary in Wales* (1536–39) lle'r ysgrifennodd 'there is a very high hille caullid Tumbarlum'. Crisialodd William Coxe, yn ei *Historical Tour in Monmouthshire* yn 1801, y cyfan yn gelfydd wrth ddweud 'Twyn Barlwm …commands one of the most singular and glorious prospects I have yet enjoyed in Monmouthshire; and which cannot be reduced to a specific and adequate description'.

Does dim disgrifiad penodol na digonol ohono hyd heddiw. Mae mapio cyfrifiadurol o gymorth mewn rhai ffyrdd. Yn ddiweddar, mae astudiaeth o dirwedd yr Oes Haearn wedi cadarnhau'r drefn o gyfathrebu o un lle gweladwy i'r llall a hefyd y clystyru ar y bryngaerau ym mro'r bobl – a alwyd yn Silwriaid gan y Rhufeiniaid – a wrthsafodd eu goresgyn drwy gynnal rhyfel gerila dros chwarter canrif. Does dim unman lle mae amlygrwydd daearyddol a chyfathrebu o un lle gweledol i'r llall yn gliriach nag yn Nhwmbarlwm.

Tra-arglwyddiaethodd y safle uchel hwn ar y dirwedd yn yr Oes Haearn a chyfnodau diweddarach a datblygodd yn ganolbwynt i fyth a chwedl yn y canrifoedd dilynol. Gobeithio y gwnaiff ymchwilio archaeolegol roi gwedd lawnach a chliriach ar ei hanes ryw ddydd.

Whatever interpretations are brought to the imposing site, it has impressed through the ages. It captured the imagination of John Leland in his *The Itinerary in Wales* 1536–39 in which he wrote 'there is a very high hille caullid Tumbarlum'. William Coxe, in his 1801 *Historical Tour in Monmouthshire*, summarised things well. He wrote, 'Twyn Barlwm … commands one of the most singular and glorious prospects I have yet enjoyed in Monmouthshire; and which cannot be reduced to a specific and adequate description'.

A specific and adequate description is still being sought today. Computer mapping helps in some respects. Recent studies of the Iron Age landscape have confirmed line-of-sight communication and clustering of hillforts in the area of the people the Romans identified as Silures, people who resisted their invasion in a 25 year guerrilla war. Nowhere is geographical dominance and line of sight over considerable distances more obvious than at Twmbarlwm.

This lofty prominence dominated the Iron Age and later landscape and became a focal point for myth and legend in the centuries that followed. Hopefully archaeological investigation will one day clarify its story more fully.

PENNOD 3
Y Rhufeiniaid ym mlaenau Gwent

Goresgynnodd y Rhufeiniaid Brydain yn OC 43 a llwyddo ymhen pedair blynedd i orchfygu'r rhan fwyaf o'r hyn sydd bellach yn ganol a de Lloegr. Yn OC 47, penodwyd Ostorius Scapula'n llywodraethwr ar Brydain ac fe droes ei sylw at Ordofigiaid canolbarth Cymru a'r Silwriaid yn y de-ddwyrain. Unodd byddinoedd y ddau lwyth o dan Garadog, gŵr a oedd wedi dygn wrthsefyll y goresgyniad yn OC 43 ac a ddaliodd i fod yn ddraenen yn ystlys y Rhufeiniaid. Yn ei hanes, *Agricola*, mae Tacitus yn cofnodi llu o ffeithiau perthnasol am Brydain wrth iddi ddod allan o'r Oes Haearn a dod o dan reolaeth y Rhufeiniaid. Cawn ganddo, yn arbennig, ddisgrifiad o olwg Silwriaid y de-ddwyrain:

> … rhaid cofio ein bod ni'n ymdrin â barbariaid… y mae croen tywyll y Silwriaid, y crychni a geir yn gyffredin yn eu gwallt, a'r ffaith fod gwlad Sbaen gyferbyn, yn rhesymau cryf dros gredu i'r Iberiaid groesi yma yn yr oesoedd cynnar ac ymsefydlu yn y wlad. (*Agricola*, 11)

Yn OC 49, symudodd Ostorius yr Ugeinfed Leng (*Legio XX Valeria Victrix*) i ganolfan newydd yng Nghaerloyw fel rhan o ymgyrch a barhaodd tan OC 51. Ar ryw adeg, symudodd Caradog i'r canolbarth lle collodd ef ei frwydr olaf derfynol. Daliodd y Silwriaid i ymladd drwy gynnal rhyfel gerila llwyddiannus yn erbyn y goresgynwyr. Troes ymosodiad cyflym gan y Silwriaid (ger y Mynydd Du, efallai) yn frwydr fawr a bu'n rhaid galw am ragor o filwyr y Lleng er mwyn osgoi trychineb. Yn OC 52, bu farw Ostorius a threchodd y Silwriaid leng o dan arweiniad Manlius Valens.

CHAPTER 3
The Romans in Upland Gwent

The Romans invaded Britain in AD 43 and within four years had conquered most of what is now central and southern England. In AD 47, Ostorius Scapula was appointed governor of Britain and turned his attention to the Ordovices of mid-Wales and the Silures of the south-east. The armies of both these tribes were united under Caratacus who had strenuously resisted the invasion in AD 43 and continued to be a thorn in the Romans' side. Tacitus, in his history *Agricola*, records many pertinent facts about Britain as it emerged from the Iron Age and entered Roman rule. In particular he describes the appearance of the Silures of south-east Wales:

> …one must remember we are dealing with barbarians…the swarthy faces of the Silures, the tendency of their hair to curl and the fact that Spain lies opposite, all lead one to believe that Spaniards crossed in ancient times and occupied the land. (*Agricola*, 11)

In AD 49, Ostorius moved the Twentieth Legion (*Legio XX Valeria Victrix*) up to a new base at Gloucester as part of a campaign that lasted until AD 51. At some point, Caratacus moved into mid-Wales where he lost his final, decisive battle. The Silures fought on, conducting a successful guerrilla war against the invaders. An ambush by the Silures (possibly near the Black Mountains) developed into a full-scale battle and extra legionary troops had to be called in to avoid disaster. In AD 52, Ostorius died and the Silures defeated a legion under the command of Manlius Valens.

Ffigur 25: *Gwersyll Gorymdeithio Rhufeinig Bryn Killcrow. Mae'r awyrlun hwn yn dangos amlinell ôl cnydau'r gwersyll ryw 2.7 cilometr i'r dwyrain o dref Rufeinig Caer-went. Yn wreiddiol, amgaeai gwrthglawdd ar ffurf cerdyn chwarae ryw hectar (2.5 erw) o dir ac ynddo glawdd â ffos allanol, a hwnnw wedi'i atgyfnerthu â llinellau o stanciau pren miniog. Wrth ymgyrchu fe godid gwersylloedd fel y rhain i fod yn llinell amddiffyn gyntaf rhag ymosodiadau sydyn liw nos.* (AP_2013_4309, NPRN 419220)

Figure 25: *Killcrow Hill Roman Marching Camp. This aerial view shows the crop-mark outline of the camp located about 2.7 kilometres east of Caerwent Roman town. It originally consisted of a playing-card shaped earthwork enclosing an area of about 1 hectare (2.5 acres) and consisted of a bank with external ditch, the bank reinforced with lines of sharpened wooden stakes. Camps like these were raised while on campaign to provide a first line of defence in the event of surprise attack during overnight stops.* (AP_2013_4309, NPRN 419220)

Rhwng OC 52 ac OC 57, creodd y llywodraethwr newydd, Didius Gallus, rwydwaith o gaerau cynorthwyol i flocio'r prif gymoedd i mewn i'r de-ddwyrain. Ategwyd y caerau hynny â chaer lengol fawr newydd ym Mrynbuga a gosodwyd yr Ugeinfed Leng yn garsiwn yno. Rheolai'r Fenni y man strategol lle mae Dyffryn Wysg ar ei gulaf rhwng y Mynydd Du a Bannau Brycheiniog.

Dylai'r cyfnod hwnnw o ymgyrchu dwys gan y llengoedd Rhufeinig fod wedi gadael rhwydwaith o wersylloedd gorymdeithio dros dro ar y tiroedd isel ac ar draws ymylon y gweundir, tebyg i'r enghreifftiau yr ydym wedi'u cofnodi ym mryniau de Powys. Tan yn ddiweddar, doedd yr un ohonynt yn hysbys yng Ngwent, ond mae arolwg o'r awyr gan y Comisiwn Brenhinol wedi dechrau newid y sefyllfa honno. Rhwng 2009 a 2011 daeth ôl cnydau gwersyll gorymdeithio Rhufeinig mawr o 20.2 hectar i'r golwg ar Fferm Llancaeo i'r gogledd o Frynbuga, a chadarnhawyd bellach mai hwnnw yw'r un ail fwyaf yng Nghymru. Yna, yn ystod sychder mawr haf 2013, cafwyd hyd i'r ail wersyll gorymdeithio Rhufeinig i'w gofnodi yng Ngwent, sef ar Fryn Killcrow i'r dwyrain o Gaer-went. Am nad yw ond 0.98 hectar, dyma'r gwersyll lleiaf yng Nghymru a'r Gororau. Awgryma'i leoliad gwta 2.5 cilometr i'r gogledd-orllewin o'r fan lle croesai'r Rhufeiniaid aber Afon Hafren y gallai gynrychioli llu goresgynnol yn treiddio i Sir Fynwy o'r de, a bod angen man lle y gallent groesi aber afon Hafren. Onid oes rhywun wedi adeiladu dros wersylloedd y Rhufeiniaid ar y mynydd a'r gweundir, neu oni chodwyd aneddiadau diwydiannol drostynt a'u dinistrio, y gobaith yw y gall arolygu o'r awyr ddarganfod rhagor amdanynt yn y dyfodol.

Erbyn OC 60, yr oedd y Rhufeiniaid i bob golwg wedi chwalu grym milwrol y Silwriaid ac ar fin goresgyn Cymru gyfan. Wrthi'n ymladd yn erbyn y Derwyddon ym Môn yr oedd y llywodraethwr newydd, Suetonius Paulinus, pan gododd Buddug, brenhines yr Iceni yn East Anglia, wrthryfel mawr. Dinistriodd y frenhines ryfelgar honno ddinasoedd Rhufeinig Colchester, Llundain a St Albans ac yr oedd dyfodol Prydain Rufeinig yn y fantol. Er i Fuddug gael ei

Between AD 52 and AD 57, the new governor, Didius Gallus, created a network of auxiliary forts blocking the major valleys leading into south-east Wales. These forts were supported by a new legionary fortress at Usk garrisoned by the Twentieth Legion. Abergavenny controlled the strategic point where the Usk valley is at its narrowest between the Black Mountains and the Brecon Beacons.

This period of intense campaigning by the Roman legions should have left a network of temporary marching camps in the lowlands and across the moorland fringe, similar to examples we have recorded in the hills of south Powys. Until recently none were known in the whole county of Gwent but aerial survey by the Royal Commission has begun to reverse this situation. Between 2009 and 2011 cropmarks of a large 20.2 hectare Roman marching camp emerged at Llancayo Farm to the north of Usk, now confirmed as the second largest in Wales. Then during the great drought of summer 2013 the second recorded Roman marching camp in Gwent was discovered at Killcrow Hill to the east of Caerwent. This camp encloses only 0.98 hectares, making it the smallest in Wales and the Marches. The location of this newly identified camp only 2.5 kilometres north-west of the Black Rock Roman crossing on the Severn Estuary suggests that it might represent an invasion force penetrating Monmouthshire from the south, requiring a crossing of the Severn estuary. Unless Roman camps on the mountain and moorland have been built over or destroyed by industrial settlements it is hoped that future aerial survey may discover more.

By AD 60, it seemed that the Romans had broken the military power of the Silures and were on the brink of completing the conquest of Wales. The new governor, Suetonius Paulinus, was fighting a campaign against the Druids in Anglesey when Boudicca, queen of the Iceni of East Anglia, rose in full-scale revolt. The warrior-queen destroyed the Roman cities of Colchester, London and St Albans and the future of Roman Britain hung in the balance. Boudicca was eventually defeated but the

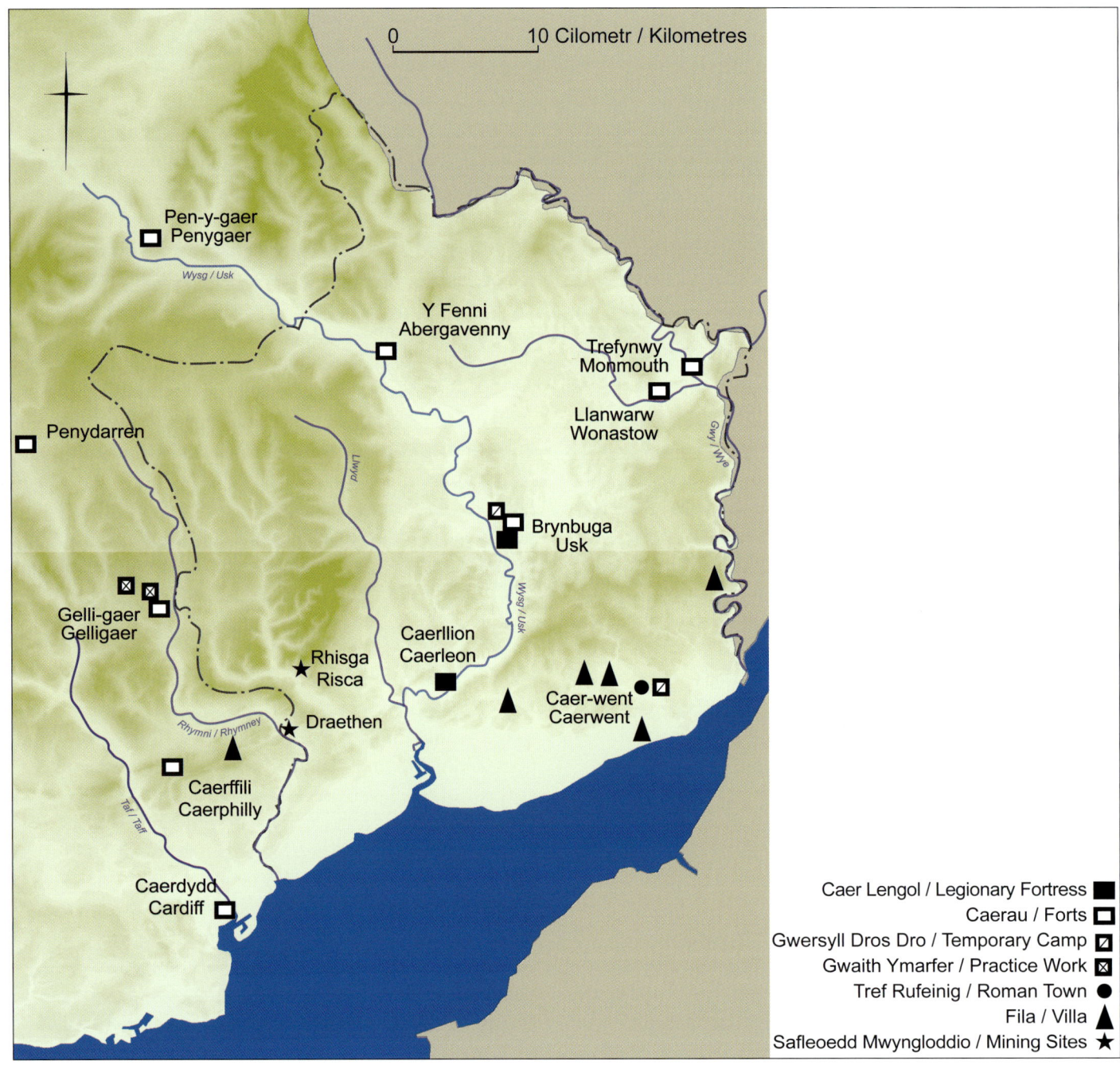

Ffigur 26: *Map o safleoedd y Rhufeiniaid yn y de-orllewin.* (AUG2016_03)

Figure 26: *Map of Roman sites in south-east Wales.* (AUG2016_03)

threchu yn y pen draw, dioddefodd y Rhufeiniaid golledion difrifol. Rhoddwyd y gorau i oresgyn Cymru a chiliodd y Rhufeiniaid i'r terfyn a sefydlwyd gan Didius Gallus. Am y 14 blynedd wedyn bu'r Fenni ar gyrion eithaf y byd Rhufeinig.

Yn OC 74, gorchmynnwyd Julius Frontinus gan yr ymerawdwr Vespasian i gwblhau'r gwaith o oresgyn Cymru. Parhaodd ei ymgyrch o OC 74 tan 78. Symudwyd y gaer lengol fawr ym Mrynbuga i Gaerllion a gosodwyd yr Ail Leng Awgwstaidd (*Legio II Augusta*) yn garsiwn yno. Codwyd rhwydwaith o gaerau cynorthwyol a'u cysylltu â ffyrdd er mwyn gallu rheoli'r diriogaeth a wastrodwyd. Codwyd caer fach yn un gornel o'r hen gaer lengol ym Mrynbuga ac yna codwyd eraill yn y Fenni a Phen y Gaer (ger Bwlch) a chaer fwy o faint yng Nghaer Aberhonddu (sef Caer Fwng, Aberysgir). Ym mlaenau Gwent, cysylltwyd y gaer yn Aberhonddu â Chaerdydd gan ffordd a âi drwy'r caerau cynorthwyol ym Mhenydarren, Gelli-gaer a Chaerffili. Erbyn hynny, yr oedd y de-ddwyrain yn un o'r rhanbarthau â'r nifer helaethaf o filwyr am bob pen o'r boblogaeth ym Mhrydain Rufeinig.

Ym 1963 fe ddarganfuwyd bod caer yng Nghaerffili i'r gogledd-orllewin o Gastell Caerffili. Ymhlith yr amddiffynfeydd yr oedd rhagfur o glai a thyweirch a ffos ddwbl, ac efallai i'r gaer fod yn rhyw 150 o fetrau wrth 120 o fetrau a chynnwys 1.7 hectar (4.4 erw) o dir. Saif y safle ar dwmpath rhewlifol yn uchel uwchlaw Cwm Rhymni. Cafwyd o leiaf dri chyfnod yno o adeiladau mewnol o goed ac mae'r crochenwaith yn awgrymu i'r safle gael ei feddiannu o tua OC 70 tan OC 100 (Burnham a Davies, 2010, 224).

Mae safle'r gaer Rufeinig ym Mhenydarren 250 metr uwchlaw'r môr ac ar esgair sy'n ymwthio o ochr ddwyreiniol Dyffryn Taf. Fe'i sefydlwyd wrth i Frontinus oresgyn y de yn OC AD 74–78, a daliwyd i'w ddefnyddio tan ryw OC 140. Yr amcangyfrif yw iddo fod yn rhyw 3.3 hectar (5.75 erw) o faint. Datgelodd y cloddio rhwng 1902 a 1905 fod yna, y tu allan i'r gaer, weddillion adeilad ac iddo system wresogi hypocawst, ac yn y gaer ei hun ceir ysgubor a godwyd o gerrig ac a all fod wedi sefyll yn ymyl porth y

Romans had suffered severe losses. The conquest of Wales was abandoned and the Romans retreated to the frontier established by Didius Gallus – for the next 14 years, Abergavenny sat at the very edge of the Roman world.

In AD 74, the emperor Vespasian ordered Julius Frontinus to complete the conquest of Wales. His campaign lasted from AD 74 to 78. The legionary fortress at Usk was moved to Caerleon and garrisoned by the Second Augustan Legion (*Legio II Augusta*). A network of auxiliary forts linked by roads was built to control the newly subdued territory. A small fort was built in one corner of the old legionary fortress at Usk, followed by others at Abergavenny, Pen y Gaer (near Bwlch) and a larger fort at Brecon Gaer. In the Gwent uplands, the fort at Brecon was linked to Cardiff by a road that passed through auxiliary forts at Penydarren, Gelligaer and Caerphilly. At this point, south-east Wales was one of the most heavily militarised regions in Roman Britain.

The fort at Caerphilly was discovered in 1963 to the north-west of Caerphilly Castle. The defences comprised a clay and turf rampart and double ditch and it is possible the fort measured about 150 metres by 120 metres with an internal area of 1.7 hectares (4.4. acres). The site sits on a glacial mound with commanding views over the Rhymney valley. There were at least three phases of internal timber buildings and pottery suggests the site was occupied *c.*AD70–100 (Burnham and Davies 2010, 224).

The site of the Roman fort at Penydarren sits at 250 metres on a spur projecting from the eastern side of the Taf valley. Founded during Frontinus' conquest of southern Wales in AD 74–78, Penydarren continued in occupation to about AD 140. The fort is estimated to have covered approximately 3.3 hectares (5.75 acres). Digging between 1902 and 1905 revealed the remains of a building outside the fort with a hypocaust heating system and, within the fort itself, a buttressed stone-built granary that may have stood near the east gate. Further excavations in 1957 uncovered a turf and clay rampart some 8.32 metres wide and 1.83 metres high sitting on a stone base with two external ditches. There was also

Ffigur 27: *Cloddio ym Mrynbuga yn ystod y 1970au. Sefydlwyd y gaer enfawr hon yn OC 50au, a daeth yn bencadlys i'r Ugeinfed Leng (Legio XX Valeria Victrix). Yn 19.5 hectar o faint, cynhwysai 5,000 o ddynion ar adeg pan oedd Afon Wysg, mae'n debyg, ar gyrion eithaf yr Ymerodraeth Rufeinig. Ugain mlynedd yn ddiweddarach, yr oedd y lleng a'r terfyn hwnnw wedi symud ymlaen a chodwyd canolfan lawer llai o faint, o ryw hectar, o fewn gweddillion y gaer fawr.* (Amgueddfa Cymru DH008129, NPRN 93470)

Figure 27: *Excavations in progress at Usk during the 1970s. This vast fortress was established in the 50s AD and became the headquarters of the Twentieth Legion (Legio XX Valeria Victrix). Covering an area of 19.5 hectares it accommodated 5,000 men at a time when the Usk river probably marked the edge of the Roman Empire. Twenty years later both legion and frontier had moved on and a much smaller base, of about 1 hectare, was built within the remains of the great fortress.* (National Museum of Wales DH008129, NPRN 93470)

dwyrain. Datgelodd rhagor o gloddio ym 1957 ragfur o dyweirch a chlai ryw 8.32 metr o led ac 1.83 metr o uchder ar ben sylfaen o gerrig, ynghyd â dwy ffos allanol. Cafwyd peth tystiolaeth hefyd fod tŵr wedi bod yno. Er bod yr amddiffynfeydd yn perthyn i un cyfnod, codwyd yr adeiladau mewnol o goed dros ddau gyfnod. I'r de o'r gaer

some evidence for the existence of a tower. Although the defences belonged to a single phase, there were two distinct phases for the internal wooden buildings. To the south of the fort were the remains of a bath-house with three hypocausts and, nearby, further remains of two rooms of a masonry building and a paved floor, possibly a

yr oedd gweddillion baddondy â thri hypocawst ac, yn eu hymyl, weddillion pellach dwy ystafell adeilad o gerrig â llawr o bafin sef, efallai, y *mansio*, man aros swyddogol ar ffordd Rufeinig i'r rhai a deithiai ar fusnes swyddogol (Burnham a Davies, 2010, 275).

Efallai mai'r gweddillion Rhufeinig pwysicaf yn ein hardal ni yw'r caerau a'r dirwedd filwrol yng Ngelli-gaer (gweler Eitem Nodwedd 3). Cafwyd hyd i safleoedd Rhufeinig eraill yn yr ardal hon hefyd. Wrth adeiladu'r A468 ym Machen Isaf, cafwyd hyd i weddillion anheddiad Rhufeinig. Yno, ceid darn tir a ymestynnai am bron i 400 metr ac yr oedd ynddo ddefnydd meddiannu a muriau a lloriau o gerrig, gwaith cerrig cerfiedig, crochenwaith Rhufeinig, olion gweithio metelau ac amryw byd o ddarnau o blwm. Yn ddiweddar, darganfu arolwg geoffisegol i'r de o'r ffordd o leiaf ddau adeiladwaith (adeiladau, efallai) a chrynodiad dwys o nodweddion a dorrwyd. Yn sicr, bu mwy nag un cyfnod o feddiannu arno ac mae'n bosibl i gaer Rufeinig arfer sefyll ar y tir uwch i'r gogledd o'r eglwys. Mae'r crochenwaith yn dangos bod pobl wedi byw yn yr anheddiad o ryw OC 75 tan tua diwedd yr ail ganrif (Burnham a Davies, 2010: 108).

Mae'n fwy na thebyg bod yr anheddiad yn gysylltiedig â gweithio metelau a chafwyd hyd i dystiolaeth i'r Rhufeiniaid gloddio am blwm yn Nraethen gerllaw. Mae'r safle ryw gilometr o'r anheddiad ar fryn uwchlaw Machen Isaf. Ym 1965 yr aeth Clwb Fforio Bryste gyntaf i mewn i'r orielau a dorrwyd i'r graig. Cafwyd hyd i grochenwaith Rhufeinig ac i aelwyd yn y prif lwybr ynghyd â chynnyrch gwahanol gamau cynhyrchu darnau arian ffug o gyfnod yr ymerawdwr Tetricus I (OC 271–274) (ibid: 108).

Drwy astudio awyrlun ym 1996 gwelwyd bod fila Rufeinig yng Nghroes Carn Einion, ryw 3 chilometr i'r de-ddwyrain o Fachen. Wrth gerdded ar draws y safle cafwyd bod teils to a theils ffliw o system hypocawst yno. Darganfuwyd adeilad arall o eiddo'r Rhufeiniaid wrth ailadeiladu Eglwys y Santes Fair yn Rhisga ym 1852. Daeth y cloddio ym 1983 o hyd i ddarn o dir lle gweithid metelau ynghyd â defnydd adeiladu Rhufeinig di-haen, gan gynnwys teils o'r ail ganrif ac arnynt stamp yr Ail Leng Awgwstaidd, garsiwn caer fawr Caerllion. Tybiwyd efallai mai baddondy'r

mansio, an official stopping place on a Roman road for the use of those on official business whilst travelling (Burnham and Davies 2010, 275).

Perhaps the most significant Roman remains in our area are represented by the forts and military landscape at Gelligaer (see Box Feature 3). Other Roman sites have also been discovered in the area. At Lower Machen, construction of the A468 uncovered the remains of a Roman settlement. Stretching for almost 400 metres was an area of occupation material with masonry walls and floors, carved stonework, Roman pottery, metalworking debris and numerous pieces of lead. Recent geophysical survey south of the road found at least two structures (possibly buildings) and a dense concentration of cut features. There was certainly more than one period of occupation and it is possible that a Roman fort once stood on the higher ground to the north of the church. The pottery indicates that the settlement was occupied from about AD 75 to the later second century (Burnham and Davies 2010: 108).

This settlement was probably associated with metalworking and evidence for Roman lead mining has been found nearby at Draethen. The site is about 1 kilometre from the settlement on a hill overlooking Lower Machen. Rock-cut galleries were first entered by the Bristol Exploration Club in 1965. Roman pottery and a hearth were discovered in the main passageway along with counterfeit coins of the emperor Tetricus I (AD 271–274) in various stages of production (ibid: 108).

In 1996, a Roman villa was discovered by aerial photography at Croes Carn Einion, about 3 kilometres south-east of Machen. Field-walking across the site has produced roofing tiles and flue tiles from a hypocaust system. Another Roman building was discovered during the rebuilding of St. Mary's church, Risca, in 1852. Excavations in 1983 found an area of metalling and unstratified Roman building material, including second-century tiles marked with the stamp of the Second Augustan Legion, the garrison of the fortress at Caerleon. The building has been variously identified as a military

Ffigur 28: *Gweithfeydd ymarfer Rhufeinig Comin Gelli-gaer. Llociau bach â gwrthgloddiau yw'r gweithfeydd ymarfer milwrol hyn. Fe'i codwyd fel ymarfer gan filwyr Rhufeinig yn fersiynau bach o'r adeiladweithiau go-iawn a godent wrth ymgyrchu.*
(AP_2008_3105, NPRNs 225493-4)

Figure 28: *Gelligaer Common Roman practice works. These military practice works are small earthwork enclosures constructed by Roman troops on exercise as miniature versions of the real structures they would build while on campaign.*
(AP_2008_3105, NPRNs 225493-4)

milwyr sydd yno, neu danc gwaddodi dyfrbont bosibl i gyflenwi Caerllion. Mae'n bosibl hefyd fod rhyw gysylltiad rhwng yr adeilad ag awydd y lleng i ecsbloetio'r gwaddodion lleol o blwm a haearn (ibid: 309).

Mae'n bosibl i'r Ail Leng Awgwstaidd weinyddu'r aneddiadau yn Rhisga, Machen Isaf a Draethen yn uniongyrchol fel rhan o *pratum* y lleng. Bloc helaeth o diriogaeth oedd hwnnw a'i ganolbwynt oedd caer fawr Caerllion. Byddai'r tir yno'n darparu porfeydd, coed adeiladu, coed tanwydd a'r adnoddau eraill y byddai eu hangen i ddiwallu anghenion y lleng (ibid: 137). Byddai filâu fel Croes Carn Einion ger Machen a Ford Farm yn Langstone wedi bod y tu allan i'r *pratum*, a gall hynny gynnig rhyw awgrym o faint y diriogaeth yr oedd y lleng yn ei rheoli'n uniongyrchol (ibid: 171).

bath-house or a settling tank for a possible aqueduct supplying Caerleon. It is also possible that the building is connected in some way with the exploitation of local lead and iron deposits by the legion (ibid: 309).

It is possible that the settlements at Risca, Lower Machen and Draethen were administered directly by the Second Augustan Legion as part of the legionary *pratum*. This was an extensive block of territory centred on the fortress at Caerleon and managed to provide pasture, wood for building and fuel and other resources necessary to meet the needs of the legion (ibid: 137). Villas, such as Croes Carn Einion near Machen and Ford Farm at Langstone, would have been outside the *pratum* and this may give some indication of the size of the legion's directly managed territory (ibid., 171).

Ffigur 29: *Croes Carn Einion, Basaleg, fila Rufeinig. Mae ôl cnydau a ddarganfuwyd ym 1996 yn dangos cynllun llawr fila adeiniog a fyddai wedi bod yn gartref moethus i dirfeddiannwr cyfoethog. Mae'n goroesi i'r chwith o drac diweddar at fferm, a chyffyrddwyd â hi gan ffos bibell ym 1979 pryd y cafwyd hyd i ddarganfyddiadau o'r cyfnod Rhufeinig. I'r chwith o'r fila adeiniog, gellir hefyd weld cynllun llawr ysgubor ystâd ac iddi eiliau, a cheir tair ystafell yn un pen iddi. Mae hi bron yn sicr bod rhagor o filâu, ynghyd â gweddillion ffermydd Brythonig-Rufeinig gwasgaredig ac is eu statws, eto i'w darganfod ar yr iseldiroedd ffrwythlon sydd o amgylch uwchdiroedd y de-ddwyrain.* (AP_2010_2761, NPRN 90528)

Figure 29: *Croes Carn Einion, Bassaleg, Roman villa. Cropmarks discovered in 1996 show the floor plan of a winged villa, the high-status home of a wealthy landowner. It survives to the left of a recent farm track and was glanced by a pipe trench in 1979 which produced Roman finds. To the left of the winged villa, the floor plan of an aisled estate barn can also be seen with three rooms at one end. It is almost certain that more villas remain to be found in the fertile lowlands around the uplands of south-east Wales along with the remains of dispersed Romano-British farmsteads of lower status.* (AP_2010_2761, NPRN 90528)

EITEM NODWEDD 3 • BOX FEATURE 3

Caer Rufeinig Gelli-gaer • Gelligaer Roman Fort
RICHARD BREWER

Byddai'r gaer Rufeinig ar gefnen rhwng cymoedd Taf a Rhymni wedi edrych allan dros gryn lawer o dir hynod goediog. Mae'n debyg i'r gaer gael ei chodi wrth i'r Rhufeiniaid oresgyn Cymru yn OC 74–78 i warchod y ffordd dros y blaenau. Un o gyfres o gaerau a redai o Gaerdydd i Aberhonddu oedd hi a chafodd ei chodi ar dir gweddol uchel rhwng cymoedd y ddwy afon. Rhaid bod bodolaeth caerau cynorthwyol ar y blaenau yn arwydd bod poblogaeth frodorol wedi bod yn byw yn y cylch, ond does fawr ddim tystiolaeth ohonynt. Y tebyg yw iddynt ddefnyddio'r blaenau i bori anifeiliaid arnynt yn ystod yr haf.

Ffurf cerdyn chwarae oedd i'r gaer gyntaf ac fe'i hamddiffynnid gan ragfur o bridd a chlai â dwy ffos o'i flaen. Dangosodd y cloddio ym 1963 mai adeiladau o goed oedd y rhai mewnol. Mae maint y gwersyll yn awgrymu mai'r bwriad oedd iddo fod yn garsiwn i fil o filwyr troed neu 500 o farchfilwyr neu, efallai, i uned gymysg ohonynt. O ystyried y tir a natur y dyletswyddau gwarchod, mae'n debyg iawn i farchfilwyr fod yno. Deil olion prin clawdd i amlinellu rhannau o'r lloc. Ceir ychydig bach o dystiolaeth hefyd fod anheddiad sifil ger safle'r gaer gynnar.

Mae'n debyg bod dyfodiad garsiwn newydd yn ystod degawd cyntaf yr ail ganrif wedi golygu nad oedd angen caer mor fawr. Yn hytrach nag ailadeiladu ar safle'r hen gaer o bridd a choed, dewiswyd man newydd ychydig i'r de-ddwyrain ac o gerrig y codwyd y gaer newydd. Mae tair arysgrif yn dyddio codi'r gaer i'r cyfnod OC 103–11, yn ystod teyrnasiad yr Ymerawdwr Trajan. Does dim cerrig i'w gweld yno erbyn hyn, ond gellir dal i weld yr amddiffynfeydd ar ffurf clawdd isel, llydan. Ymchwiliwyd i'r safle mewn dwy ymgyrch ym 1899–

The Roman fort, from its position on a ridge between the Taf and Rhymney valleys, would have commanded an extensive view of the heavily wooded countryside. A fort was built here probably at the time of the Roman conquest of Wales in AD 74–78 to police the upland area of the road. It was one of a line of forts, set on higher ground between the river valleys, running from Cardiff to Brecon. The existence of auxiliary forts in the uplands must indicate the presence of a native population, even though evidence for any occupation is slight. It is very likely that the uplands were used seasonally in the summer for grazing livestock.

The first fort was of playing-card shape, defended by a rampart of earth and clay, fronted by two ditches. Excavations carried out in 1963 revealed that the internal buildings were of timber. The size of the camp suggests that it was intended either for a garrison of 1,000 infantry or 500 cavalry or perhaps a mixed unit. Considering the terrain and nature of the policing duties a mounted element is very likely. This enclosure is still outlined in parts by a faint bank. There is also slight evidence for a civil settlement near the site of the early fort.

During the first decade of the second century, probably owing to the arrival of a new garrison, a smaller fort was required. Instead of rebuilding on the site of the earth and timber fort, they chose a new spot a short distance to the south-east. This new fort was built in stone. Three inscriptions date the construction of the fort to the period AD 103–11, during the reign of the Emperor Trajan. No masonry is now visible, but the defences can still be seen as a low broad bank. The site was explored in two campaigns between 1899–1901

Y Rhufeiniaid ym mlaenau Gwent • The Romans in Upland Gwent

Ffigur 30: *Caer Rufeinig Gelli-gaer. Awyrlun o weddillion gwrthgloddiau'r gaer o gerrig o'r ail ganrif.* (AP_2008_3102; NPRN 300144)

Figure 30: *Gelligaer Roman Fort. Aerial view of the earthwork remains of the second-century stone fort.* (AP_2008_3102; NPRN 300144)

1901 a 1908–13. Yr oedd y gaer o gerrig bron yn sgwâr ei chynllun a chynhwysai'r amddiffynfeydd ffos ar ffurf 'V'; rhagfur o bridd ac arno gerrig y tu ôl a'r tu blaen; pedwar tŵr cornel ac wyth rhyngdwr. Yr oedd pedwar porth iddi a phob un â ffordd ddwbl ac â siambr warchod bob ochr iddo. Yr oedd tair adran i drefn fewnol y gaer. Yn y canol ceid adeilad y pencadlys (*principia*), tŷ'r penswyddog (*praetorium*), iard a dwy ysgubor. Yr oedd y mannau eraill yn y gaer yn cynnwys

and 1908–13. The stone fort was almost square in plan, with defences consisting of a V-shaped ditch; an earthen rampart, faced with masonry both front and back; four corner towers and eight interval towers. There were four gateways, each with a double roadway, flanked on either side by a guard-chamber. The interior layout of the fort was organised into three divisions. The central zone was occupied by the headquarters building (*principia*), commandant's house (*praetorium*),

chwe bloc o farics yn gartref i'r milwyr, stabl bosibl, gweithdy (*fabrica*) a storfeydd. Ar sail trefn a darpariaeth y barics, derbynnir yn gyffredinol bod y gaer yn enghraifft berffaith o lety i uned o wŷr traed o 480 o filwyr cynorthwyol (*cohors quingenaria peditata*). Er hynny, does dim awgrym ynghylch enw na tharddiad y garsiwn hwn. Mae'r crochenwaith y cafwyd hyd iddo ar y safle yn dangos i bobl fod yno tan ryw OC 130. Ceir hefyd ychydig o grochenwaith o ddiwedd y drydedd ganrif tan ganol y bedwaredd ganrif, a gall hynny fod yn gysylltiedig â newidiadau i rai o'r adeiladau a'r amddiffynfeydd. Ond ansicr yw natur yr ailfeddiannnu hwnnw.

Yn y de-ddwyrain wrth ymyl y gaer ceir anecs muriog y llenwai baddondy'r uned ei hanner, a dyma un o'r goreuon sy'n hysbys mewn unrhyw gaer o'r fath yng Nghymru. Ymhlith y nodweddion eraill mae maes parêd, odyn a mynwent amlosgi wrth ochr y ffordd sy'n rhedeg o'r gaer tua'r de-ddwyrain.

a yard and two granaries. The other areas within the fort contained six barrack blocks to accommodate the soldiers, a possible stable, a workshop (*fabrica*) and store buildings. It is generally accepted from the layout and provision of barracks that the fort provides a perfect example of accommodation for an infantry unit of 480 auxiliary soldiers (*cohors quingenaria peditata*). There is, however, no hint of the name or origins of this garrison. Pottery discovered at the site indicates that the fort was occupied until about AD 130. There is also a small amount of pottery of late third to mid-fourth-century date, which may be associated with alterations to some buildings and the defences. The nature of this reoccupation is, however, uncertain.

Adjoining the fort on the south-east was a walled annexe, half of which was occupied by the unit's bath-house, one of the finest known at any such fort in Wales. Other features include a parade-ground, a kiln and a cremation cemetery beside the road running south-east from the fort.

Ffigur 31: *Golwg eang dros Gelli-gaer o'r gogledd-orllewin. Gorweddai'r gaer gynnar gyntaf ar draws y ddau gae yn y tu blaen.* (AP_2014_4961, NPRN 93007)

Figure 31: *Wide view of Gelligaer from the north-west. The early first fort lay across the two fields in the foreground.* (AP_2014_4961, NPRN 93007)

PENNOD 4
Yr Oesoedd Canol Cynnar a'r Oesoedd Canol

Yr Oesoedd Canol Cynnar: Cerrig Arysgrifedig a Chloddiau Traws-cefnennau

Yn yr Oesoedd Canol Cynnar (canrifoedd sy'n dal yn fwy cyfarwydd i'r mwyafrif o bobl fel yr Oesoedd Tywyll) yr oedd blaenau Gwent wedi'u rhannu rhwng teyrnasoedd Gwent, Morgannwg a Brycheiniog. Yr oedd y tir i'r dwyrain o Afon Rhymni yn perthyn i gornel ogledd-orllewinol teyrnas Gwent; yr oedd cefnennau gogleddol Mynydd Llangynidr a Mynydd Llangatwg yn perthyn i Frycheiniog, ac i'r gorllewin o afon Rhymni ceid Morgannwg. Yr oedd Gwent wedi ymffurfio yn y bumed a'r chweched ganrif ac wedi cymryd ei henw o *Venta Silurum*, yr enw Rhufeinig ar Gaer-went. Nid yw'r dystiolaeth ynghylch parhad masnach ryngwladol a'r traddodiad Cristnogol cryf yn cydymffurfio â'r hen syniad bod Prydain mewn anhrefn llwyr wedi i'r Rhufeiniaid gilio. Llwyddodd yr aristocratiaid lleol a oedd wedi ymarfer grym o dan system *civitas* Rufeinig o lywodraeth ddatganoledig i gydio yn yr awenau gwleidyddol, ac erbyn diwedd y chweched ganrif yr oedd llinach o frenhinoedd cryf wedi ymsefydlu yma (Howell, 2004: 262–63). Daliwyd i ddefnyddio peth o drefn lywodraethu'r Rhufeiniad yn y de-ddwyrain a cheir tystiolaeth i bobl barhau i fyw mewn rhannau o gaer fawr Caerllion tan yr wythfed ganrif. Ym mryngaerau Lodge Hill (ger Caerllion), Llanmelin (ger Caer-went) a Sudbrook cafwyd tystiolaeth i bobl ddychwelyd i fyw yno tua diwedd y bedwaredd ganrif a dechrau'r bumed ganrif (Howell, 2004: 250–53).

Unwaith eto, gellir olrhain tarddiad Brycheiniog i'r bumed neu'r chweched ganrif a'r ffaith i Wyddelod ymsefydlu yno. Yn wreiddiol, ymgartrefodd ysbeilwyr o

CHAPTER 4
The Early Medieval and Medieval Periods

The Early Medieval Period: Inscribed Stones and Cross-ridge Dykes

In the Early Medieval period (centuries still better known to most people as the Dark Ages) upland Gwent was divided between three polities – the kingdoms of Gwent, Morgannwg and Brycheiniog. The area to the east of the River Rhymney sat in the north-western corner of the Welsh kingdom of Gwent; the northern ridges of Mynydd Llangynidr and Mynydd Llangatwg belonged to Brycheiniog and west of the Rhymney was Morgannwg. Gwent had emerged in the fifth and sixth centuries and had taken its name from *Venta Silurum* – the Roman name for Caerwent. Evidence for continuity of international trade and a strong Christian tradition does not conform to the usual picture of a Britain in chaos after the end of Roman rule. Local aristocracies who had wielded power under the Roman *civitas* system of devolved government assumed political control and, by the middle of the sixth century, a dynasty of strong kings had emerged (Howell 2004, 262–63). Some of the apparatus of Roman government in south-east Wales continued in use. There is evidence for continued occupation of parts of the fortress at Caerleon down to the eighth century. The hillforts at Lodge Hill (near Caerleon), Llanmelin (near Caerwent) and Sudbrook have produced evidence for reoccupation in the late fourth and early fifth centuries (Howell 2004: 250–53).

The origins of Brycheiniog can again be traced back to the fifth or sixth centuries and had its roots in Irish settlement in the area. Irish raiders originally settled in Pembrokeshire, Ceredigion and Carmarthenshire in the fifth century. An offshoot of these settlements came

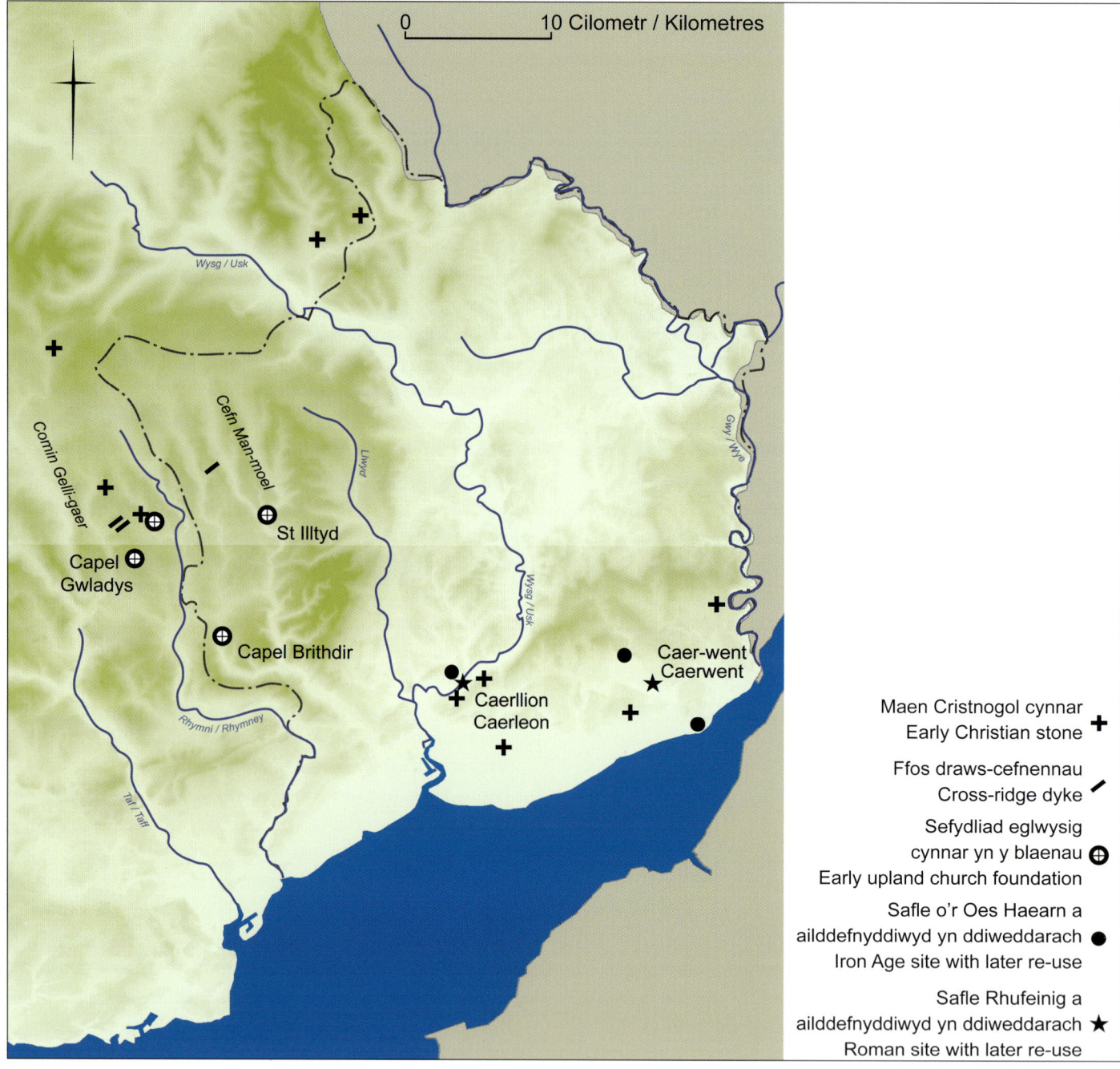

Ffigur 32: *Gwent yn yr Oesoedd Canol Cynnar, gan gynnwys y safleoedd a grybwyllir yn y testun.* (AUG2016_04)

Figure 32: *Early Medieval Gwent, including sites mentioned in the text.* (AUG2016_04)

Iwerddon yn siroedd Penfro, Ceredigion a Chaerfyrddin yn y bumed ganrif. Daeth cangen o'r Gwyddelod hynny ymhellach tua'r dwyrain ac ymsefydlu ar ddarn bach o dir yn yr hyn sydd bellach yn dde Sir Frycheiniog. Prawf o bresenoldeb y cymunedau hynny yn y dirwedd yw'r cerrig coffa ac arnynt arysgrifau mewn ogam, sgript gynnar y Gwyddelod.

Wrth ochr y ffordd Rufeinig ym Mhen Carnbugail saif colofn denau o garreg ger stribedyn llydan o wair sydd wedi'i dorri'n grop. Mae'r maen coffa hwnnw'n dyddio'n ôl i ddiwedd y chweched neu ddechrau'r seithfed ganrif OC, ac ar hyd ei wyneb gogleddol fe geid, gynt, yr arysgrif NEFROIHI, sef "maen Nía-Froích", arysgrif sy'n coffáu rhyfelwr o Wyddel. Golygai ei enw rywbeth tebyg i "pencampwr y grug". Saif y maen ar ymyl lloc bach ar ffurf pedol, a chredid ar un adeg ei bod hi'n bosibl iddo ddynodi man claddu'r rhyfelwr (Whittle, 1992: 82). Cadarnhaodd yr arolwg geoffisegol ym 1993 fod y lloc mewn gwirionedd yn dwmpath a chistfaen cynhanesyddol ac fe all y golofn fod yn fegalith a ailddefnyddiwyd o'r adeiladwaith cynhanesyddol hwnnw (Redknap a Lewis, 2007: 564).

Ymhellach tua'r dwyrain, ger cwarrau'r Ystrad a gyflenwai garreg galch i Waith Dur Glynebwy, ceir carreg ogam Cwm Criban. Fe'i cofnodwyd gyntaf gan Edward Lhuyd tua 1695. Mae'n sefyll ar weundir agored 455 o fetrau uwchlaw'r môr ac i'r gorllewin o'r llwybr o Ferthyr Tudful i Dal-y-bont. Mae'n fonolith tal a chul sy'n 1.2 metr o uchder, yn gogwyddo mymryn ac wedi'i osod mewn ychydig o bant. Mae'r garreg yn dyddio o'r bumed neu'r chweched ganrif OC a'r arysgrif arni yw:

MAQI DECEDA
[Maen] Maqas-Deceda

Ystyr Maqas-Deceda mewn Hen Wyddeleg yw "mab y duwdod". Gall yr arysgrifau hyn yn hawdd ddynodi terfyn deheuol dylanwad y Gwyddelod yn yr ardal.

Y llys fyddai canolbwynt grym brenhinoedd y teyrnasoedd cynnar. O'r bumed tan yr wythfed ganrif, câi'r

further east and established a small Irish enclave in what is now southern Breconshire. The presence of these Irish communities is marked in the landscape by commemorative stones with inscriptions in *ogham* – an early Irish script.

Alongside the Roman road at Pen Carnbugail stands a thin pillar of stone near a wide strip of low-cropped grass. This is a memorial stone dating back to the late sixth or early seventh centuries AD. Along the northern face, there was once an inscription that read NEFROIHI – "the stone of Nía-Froích". It commemorates an Irish warrior whose name meant something like "champion of the heather". The stone stands at the edge of a small horseshoe-shaped enclosure and it was once thought possible that it still marked the actual burial place of the warrior (Whittle 1992: 82). Geophysical survey in 1993 confirmed that the enclosure is in fact a prehistoric mound and cist and it is possible that the pillar is a reused megalith from this prehistoric structure (Redknap and Lewis 2007: 564).

Further north, near the Ystrad quarries that supplied Ebbw Vale Steelworks with limestone, the Cwm Criban *ogham* stone was first recorded by Edward Lhuyd in about 1695. It stands on open moorland at 455 metres, west of the track from Merthyr Tydfil to Talybont. It is a tall narrow monolith, 1.2 metres high, leaning at a slight angle and set in a slight hollow. The stone dates to the fifth or sixth centuries AD and the inscription reads:

MAQI DECEDA
[The stone] of Maqas-Deceda

Maqas-Deceda is Old Irish for "son of the divinity". These inscriptions may well mark the southern extent of Irish influence in this area.

Royal power in these early kingdoms would have been centred on the *llys* or court. From the fifth to the eighth centuries, these were fortified, sometimes occupying refurbished Iron Age hillforts. A cluster of wooden buildings housing the royal household, together with

llysoedd eu troi'n gaerau ac weithiau fe'u codid drwy ailwampio bryngaerau o'r Oes Haearn. Câi clwstwr o adeiladau o goed – cartref y teulu brenhinol ynghyd â'u milwyr, eu gweithwyr a'u gweision – ei amddiffyn â rhagfur o gerrig neu bridd ac, ar ei ben, furiau a phyrth o goed. Un o'r rhai a ddeallir orau yw llys Dinas Powys, ger Caerdydd, llys y bu pobl yn byw ynddo o'r bumed tan y seithfed ganrif. Yma, daeth gwaith cloddio gan Goleg y Brifysgol, Caerdydd, o hyd i neuadd o goed ac ysgubor, efallai, ac o'u hamgylch yr oedd rhagfuriau o glai a rwbel a ffosydd dwfn wedi'u torri i'r graig. Ymhlith y darganfyddiadau ar y safle yr oedd gwaith metel cain, gemwaith, gwydr, crochenwaith a fewnforiwyd, a llawer iawn o esgyrn gwartheg. Cawsai'r crochenwaith ei fewnforio o orllewin Ffrainc, gogledd Affrica a thiroedd dwyrain Môr y Canoldir mewn cysylltiad â'r fasnach win, ac mae hynny'n golygu bod gan y bobl bwerus a chyfoethog a drigai yn Ninas Powys gysylltiadau masnachu ar draws tiriogaeth yr hen ymerodraeth Rufeinig.

Yn y nawfed a'r ddegfed ganrif, cartref teulu brenhinol Brycheiniog oedd Ynys Bwlc, sef yr ynys artiffisial neu 'grannog' ar Lyn Syfaddan. Ymhlith y darganfyddiadau a wnaed ar y safle yr oedd tameidiau o ddilledyn drudfawr – crys neu diwnig, efallai – a gawsai ei addurno â brodwaith cain. Cymeriad Gwyddelig pendant oedd i ddarganfyddiadau eraill, gan gynnwys terfynell o dlws a ddyddiwyd i'r wythfed neu'r nawfed ganrif, a cholfach strap o gysegrfa creirgell fach a chludadwy ac arno

soldiers, artisans and servants, was defended by a rampart of stone or earth topped by wooden walls and gateways. One of the best understood is Dinas Powys, near Cardiff, occupied from the fifth to the seventh centuries. Here, excavations by University College Cardiff found a wooden hall and possible barn surrounded by ramparts of clay and rubble and deep, rock-cut ditches. Finds from the site included fine metalwork, jewellery, glass, imported pottery and large amounts of cattle bone. The pottery was imported from western France, north Africa and the eastern Mediterranean and was associated with the wine trade. The people who lived at Dinas Powys were powerful and wealthy, with trading contacts across the old Roman empire.

In the ninth and ten centuries, Ynys Bwlc – the artificial island or 'crannog' at Llangorse Lake – was home to the ruling house of Brycheiniog. Among the finds from the site were fragments of a costly garment, possibly a shirt or tunic, decorated with fine embroidery. Other finds had a distinctly Irish character and included a terminal from a

Ffigur 33: *Efallai fod y maen arysgrifedig hwn o'r cyfnod ôl-Rufeinig ar Gomin Gelli-gaer yn sefyll ar safle tomen gladdu gynhanesyddol. Erbyn hyn, mae'r arysgrif ar y maen wedi'i hindreulio'n ddim.* (DS2015_143_001, NPRN 305944)

Figure 33: *Inscribed stone of the post-Roman period on Gelligaer Common, on the site of a prehistoric burial mound. The inscription on the stone has now weathered away.* (DS2015_143_001, NPRN 305944)

Ffigur 34: *Ynys Bwlc, Llan-gors. Awyrlun o'r crannog adeg y cloddio yno ym 1989.* (89-cs-0696, NPRN 32997)

Figure 34: *Ynys Bwlc, Llangorse. Aerial view of the crannog during excavations in 1989.* (89-cs-0696, NPRN 32997)

Ffigur 35: *Ynys Bwlc, Llan-gors. Yn y llun hwn o Lyn Syfaddan yn y gaeaf gellir gweld y crannog (i'r chwith o'r canol) yn ei dirwedd. Mae'n fath o anheddiad hynafol sydd wedi'i godi o goed, cerrig a phrysgwydd ac i'w gael yn Iwerddon a'r Alban gan mwyaf. Dyma'r unig enghraifft hysbys o grannog yng Nghymru.* (AP_2013_0329, NPRN 32997)

Figure 35: *Ynys Bwlc, Llangorse. This crannog (left of centre) – a type of ancient lake-dwelling made of timber, stones and brushwood, and found mostly in Ireland and Scotland – can be seen in its landscape setting in this winter view of Llangorse lake. This is the only known example of a crannog from Wales.* (AP_2013_0329, NPRN 32997)

addurniadau Gwyddelig pendant o'r wythfed ganrif (Redknap, 1991b: 38). Dyna dystiolaeth glir o statws cymdeithasol uchel y rhai a drigai ar y safle. Mae'r ffaith fod yno frenhinoedd a allai fforddio cael gafael ar decstilau o safon a bwrw ati i adeiladu crannog yn arwydd o barhad y dylanwad a'r cysylltiadau Gwyddelig (Redknap, 1991a: 24).

Gan fod sefyllfa lle ceid tair teyrnas yn cystadlu â'i gilydd mewn tiriogaeth fach yn rhwym o greu tyndra, ni ddylid synnu o weld bod adeiladweithiau amddiffynnol wedi'u codi yno. Heneb arbennig o'r cyfnod hwn yn y deddwyrain, ac yn enwedig ym mlaenau Morgannwg, yw'r ffos draws-cefnennau. Ar draws llawer o'r cefnennau ceir darnau byr o gloddiau gwrthglawdd a ffosydd sydd i gyd yn wynebu tua'r gogledd ac wedi'u cynllunio, mae'n debyg, i reoli mynediad ar hyd y llwybrau naturiol hynny. Nid yw'r ymchwil a wnaed yn ddiweddar wedi gallu pennu dyddiad y nodweddion hynny'n gwbl glir ond cafwyd awgrym iddynt gael eu codi yn yr wythfed neu'r nawfed ganrif (Lewis, 2006: 6).

Mae dwy enghraifft nodweddiadol yn goroesi ar Gomin Gelli-gaer. Darn ar ei ben ei hun o glawdd a ffos sy'n wynebu tua'r gogledd yw'r clawdd yn Nhyla-glas ac mae'n rhyw 170–190 metr o hyd ac yn rhyw 5.5 metr o led gan mwyaf. Mae Clawddtrawscae yn fyrrach, yn rhyw 55 metr o hyd ac yn 4.6 metr o led gan amlaf. Gall Gwent hefyd hawlio bod ganddi ei chlawdd trawiadol ei hun ar Gefn Man-moel uwchlaw Glynebwy am fod clawdd pridd enfawr a ffos yn rhedeg ar draws y gefnen o'r de-orllewin i'r gogledd-ddwyrain am ryw 350 o fetrau. Mae'r clawdd a'r ffos yn rhyw 10m o led ac erbyn hyn mae'r clawdd yn rhyw 2 fetr o uchder.

Dylanwad arall ar y dirwedd yn yr Oesoedd Canol Cynnar, wrth gwrs, oedd twf Cristnogaeth. Ar gefnennau uchel dwyrain Morgannwg a gorllewin Gwent ceir sawl maen arysgrifedig o'r Oesoedd Canol Cynnar sy'n gysylltiedig â safleoedd capeli cynnar y blaenau. Mae'r fynwent gron (fwy neu lai) yng Nghapel Brithdir ger y Bargod a'r llechfaen â chroes wedi'i arysgrifennu arno yn awgrymu iddi gael ei sefydlu'n gynnar. Cafwyd hyd i'r llechfaen ym

brooch dated to the eighth or ninth century and a strap hinge from a small, portable reliquary shrine, again with distinctively Irish decoration and dating to the eighth century (Redknap 1991b: 38). This is clear evidence of the high social status of those occupying the site – a dynasty that could afford fine, high-quality textiles and that could expend effort on the construction of a crannog – itself indicative of continued Irish influence and contacts (Redknap 1991a: 24).

Given the obvious tension generated by the presence of three competing kingdoms in a small area, the presence of defensive structures should cause little surprise and a distinctive monument of this period in south-east Wales, particularly in upland Glamorgan, is the cross-ridge dyke. Many of the ridges are crossed by short lengths of earthwork banks and ditches – invariably facing north and probably designed to control access along these natural route-ways. Despite recent research, the date of these features remains unclear, although it has been suggested that they originate in the eighth or ninth centuries (Lewis 2006: 6).

Two typical examples survive on Gelligaer Common. The dyke at Tyla-glas is an isolated stretch of north-facing bank and ditch, some 170–190 metres in length and about 5.5 metres in overall width. Clawddtrawscae ('cross-field dyke') is shorter, being some 55 metres in length and 4.6 metres in overall width. Gwent can also claim an imposing dyke of its own on Cefn Manmoel above Ebbw Vale. Here, a massive earthen bank and ditch runs across the ridge from south-west to north-east for approximately 350 metres. Bank and ditch are some 10 metres wide and the bank survives to a height of 2 metres.

Another influence on the Early Medieval landscape is, of course, the growth of Christianity. The high ridges of eastern Glamorgan and western Gwent have several Early Medieval inscribed stones associated with the sites of upland chapels of early foundation. The roughly circular graveyard at Capel Brithdir near Bargoed and its cross-inscribed slab suggest an early date for its foundation. The slab was found in 1960 during the demolition of the

Ffigur 36: *Trawsglawdd Tyla-glas ar Gomin Gelli-gaer. Gellir gweld darn o'r clawdd traws-cefnennau yma i'r dde o lwybr mynediad y fferm. Mae'n ymwthio o linell y ffordd Rufeinig, sef y ffordd fodern heddiw, ymlaen i dir amaeth lle trowyd y tir nes bron â llwyr ddileu olion yr hen ffordd.* (AP_2014_4953, NPRN 305948)

Figure 36: *Tyla-glas cross dyke, Gelligaer Common. A surviving fragment of cross-ridge dyke can be seen here to the right of the farm access track, projecting from the line of the Roman road – now the modern road – onto farmland where it has been largely ploughed out.* (AP_2014_4953, NPRN 305948)

1960 wrth ddymchwel y capel ac mae ef bellach yn Eglwys y Santes Gwladys yn y Bargod. Arferai'r capel sefyll ar y gefnen sy'n ochr ddwyreiniol i Gwm Rhymni a'r Bargod. Er mai ailgread modern o adeiladwaith canoloesol oedd yr

chapel and is now in the church of St. Gwladys, Bargoed. The chapel once stood on the ridge that forms the eastern side of the Rhymney-Bargoed valley. Although the final building on the site was a modern reconstruction of a

Ffigur 37: *Safle Capel Brithdir, sefydliad cynnar mae'n debyg, mewn mynwent nodweddiadol o grwn neu is-grwn. Sylwch hefyd sut mae'r ffordd yn gwyro yma.* (AP_2014_5053, NPRN 307553)

Figure 37: *The site of Capel Brithdir, a likely early foundation, located in a typically rounded, or sub-circular, churchyard. Note here the deviation of the roadline.* (AP_2014_5053, NPRN 307553)

Ffigur 38: *Capel Gwladys. Golwg oddi uchod ar sylfeini petryal y capel yng nghanol y llun.* (AP_2008_3109, NPRN 95694)

Figure 38: *Capel Gwladys. The rectangular foundations of the chapel seen from above, at centre of picture.* (AP_2008_3109, NPRN 95694)

adeilad olaf a fu ar y safle, mae'n debyg bod y maen cerfiedig yn dyddio o'r seithfed i'r nawfed ganrif ac mae'n ddigon posibl mai dyna gyfnod sefydlu'r capel gwreiddiol (Redknap a Lewis, 2007: 308–09).

Mae'r maen arysgrifedig Lladin yng Nghapel Brithdir yn dyddio o ddiwedd y bumed neu ddechrau'r chweched ganrif ac fe arferai sefyll ar frig y gefnen ger ffordd ryw 150 o fetrau i'r gogledd-orllewin o safle Capel Brithdir. Fe'i cloddiwyd gan Mortimer Wheeler ym 1922 a'i symud i

medieval structure, the carved stone probably dates to the seventh to ninth centuries and this may well be the period of the founding of the original chapel (Redknap and Lewis 2007: 308–09).

The Capel Brithdir Latin inscribed stone dates to the late fifth or sixth century and once stood on the top of the ridge alongside a roadway some 150 metres north-west of the site of Capel Brithdir. It was excavated by Mortimer Wheeler in 1922 and removed to the National Museum of

Wales. The Latin inscription runs along the face of the stone from top to bottom and reads:

> TEGERNACUS FILIUS MARTI HIC IACIT
> Tegernacus, the son of Martius, lies here

Tegernacus is an early form of the Welsh name Teyrnog meaning something like 'kingly' or 'autocratic' (ibid: 305–8).

Near one of the best preserved of the Roman practice camps on Gelligaer Common, stands Capel Gwladys. Here, within an impressive boundary dyke, one can see the restored foundations of the west tower, nave and chancel of a small chapel with a modern carved cross marking the site of the altar. Although tradition has it that the chapel was founded by Gwladys in the sixth century, these remains are medieval in date. Gwladys was the mother of St. Cadoc (see above). A carved grave-slab found here in about 1906 probably dates to the eighth or ninth century and can now be seen in the porch of Gelligaer church (Whittle 1992: 196; Redknap and Lewis 2007: 309–10).

Other early church foundations occur further east. At Llanhilleth near Abertillery, the large, roughly circular churchyard around St Illtyd's church is a clear indication of a pre-Norman foundation date (Brook 1985–88: 72) and the earliest written reference to the church is found in a poem of the ninth or tenth century in *Llyfr Du Caerfyrddin* ("The Black Book of Carmarthen"). The poem is one of a series of short verses known as *Englynion y Beddau* ("The Stanzas of the Graves"). They list the graves of legendary Welsh heroes. Many of the identifiable places appear to be ancient burial sites such as cairns or cromlechs. Among them is:

> *Gwydi gurum a choch a chein.*
> *A. goruytaur maur minrein.*
> *in llan helet bet. owein.* (ibid. 37)

After things blue and red and fair
and great steeds with taut necks,
at Llanheledd is the grave of Owain.

Ffigur 39: *Eglwys Sant Illtud a'r domen, Llanhiledd. Awyrlun o'r eglwys, i'r dde o'r canol, gan ddangos hefyd y domen gerllaw ar y chwith yn y rhan uchaf o'r llun.* (AP_2014_3074, NPRN 306241)

Figure 39: *St Illtyd's Church and motte, Llanhilleth. Aerial view of the church, right of centre, showing also the nearby motte, upper left of picture.* (AP_2014_3074, NPRN 306241)

Mae'n debyg mai'r 'bedd' y cyfeirir ato yw'r domen fawr ger yr eglwys. Fel rheol, bernir mai tomen Normanaidd yw honno ac iddi gael ei chodi, mae'n debyg, yn yr unfed ganrif ar ddeg neu'r ddeuddegfed ganrif. Mae'n fwy na phosibl i'r domen gael ei chodi dros un gynharach, sef crug neu garnedd gynhanesyddol, mae'n debyg. Er bod yr eglwys wedi'i chysegru i Sant Illtud erbyn hyn, fe'i cysegrwyd yn wreiddiol i Santes Heledd neu Hyledd, person go-iawn a

It seems likely that the 'grave' referred to in the poem is the large mound near the church. This is usually regarded as a Norman motte, probably dating to the eleventh or twelfth century. It is more than possible that the motte was built over an earlier mound – probably a prehistoric barrow or cairn. Although currently dedicated to St Illtyd, the original dedication of the church was to St Heledd or Hyledd. Heledd was also a real person who

drigai yng ngogledd Powys yn gynnar yn y seithfed ganrif. Lladdwyd ei brawd, Cynddylan, brenin Powys, gan yr Eingl-Sacsoniaid. Mae Heledd yn ymddangos yng Nghanu Heledd, cyfres arall o gerddi a luniwyd yn y nawfed neu'r ddegfed ganrif. Ŵyr neb pam y cysegrwyd eglwys fach ar lethr bryn llwm yng Ngwent i dywysoges o Bowys yn y seithfed ganrif.

Mae pennod arall yn y *Vita Cadoci* ("Buchedd Cadog", gweler uchod) yn adrodd sut y bu i'r sant godi eglwys ac allor ym Manmoel ac amgáu'r cyfan ar gyfer ei ddisgybl Macmoil (Knight, 2004: 276). Honna traddodiad lleol mai fferm Tŷ'r Capel yw safle'r eglwys (Bradney, 1993: 165) ond methodd arolwg geoffisegol a gwaith cloddio â dod o hyd i olion unrhyw adeilad yno. Gallwn ddadlau felly, wrth sôn am flaenau Gwent o leiaf, ei bod hi'n wir dweud bod y safleoedd crefyddol sydd wedi goroesi, y cysegriadau Cristnogol a'r henebion cerrig i arwyr marw yn goleuo cyfnod yr honnid ei fod yn 'Oesoedd Tywyll'.

lived in northern Powys in the early seventh century. Her brother, Cynddylan, king of Powys, was killed by the Anglo-Saxons. She appears in *Canu Heledd* ("The Song of Heledd"), another series of poems, also composed in the ninth or tenth century. Why this small church on a barren Gwent hillside should be dedicated to a seventh century princess of Powys remains a mystery.

Another chapter of the *Vita Cadoci* ("The Life of St Cadog", see above) tells how the saint built a church and altar at Manmoel and enclosed it for his disciple Macmoil (Knight 2004: 276). Local tradition claims Tŷ'r Capel farm as the site of the church (Bradney 1993: 165), though recent geophysical survey and excavation failed to find any trace of a building. We can therefore argue that, in upland Gwent at least, the so-called 'Dark Ages' are in fact illuminated by surviving religious sites, Christian dedications and stone monuments to the heroic dead.

Ffigur 40: *Tŵr Eglwys Sant Illtud, Llanhiledd.* (Frank Olding)

Figure 40: *St Illtyd's Church tower, Llanhilleth.* (Frank Olding)

EITEM NODWEDD 4 • BOX FEATURE 4

Eglwysi'r blaenau: Bedwellte ac Eglwys Sant Illtud, Llanhiledd
Upland Churches: Bedwellty and St Illtyd's, Llanhilleth

EDITH EVANS

Am mai prin a gwasgaredig oedd poblogaeth y blaenau yn yr Oesoedd Canol, gwasanaethai llawer o'r eglwysi yno blwyfi enfawr, a theithiai pobl ymhell i fynychu gwasanaethau ar y Sul. Un o'r plwyfi hynny yw Bedwellte, a saif ei eglwys ar ben bryn yn y gornel dde-orllewinol ohono.

Eglwys fawr yw eglwys Bedwellte ac mae'n un a elwir yn 'eglwys corff-dwbl' am fod yr hyn a ystyrid fel arall yn eil o'r un lled â chorff yr eglwys. Cynigiwyd amryw o ddamcaniaethau i geisio esbonio'r trefniant hwnnw. Un yw bod eglwysi o'r fath yn gysylltiedig â phlwyfi lle y ceid clasau gynt, sef mam-eglwysi'r Gymru gyn-Normanaidd y byddai eu tiriogaethau weithiau'n cwmpasu tiroedd helaeth iawn (Radford, 1963). Ond ym Medwellte does dim tystiolaeth arall i ategu'r syniad hwnnw, a dydy'r eglwys ddim fel petai hi'n cyd-fynd yn dda ag eglwysi'r de'n gyffredinol. Awgryma damcaniaethau eraill fod ail gorff yr eglwys yn gysylltiedig â'r cynnydd yn y pwys ar gwlt y Forwyn Fair yn y bymthegfed ganrif, neu fod ar uchelwyr lleol y cyfnod hwnnw eisiau mwy o le i arddangos cyfoeth a statws eu teuluoedd (Williams, 1976: 434; Butler, 1996: 108). Mae'r trefniant yn eglwys Bedwellte fel petai'n un cynnar am mai yn yr arddull Seisnig Gynnar a arferid yn hanner cyntaf y ddeuddegfed ganrif y mae'r arcêd sy'n gwahanu'r ddau hanner, ac am fod ôl-ogwydd mewnol i'r muriau allanol hir (h.y. maent yn fwy trwchus ar y gwaelod nag ar y brig), arddull adeiladu a oedd wedi mynd allan o ffasiwn erbyn y bymthegfed ganrif. Mae'r bwâu ym mhen dwyreiniol dau gorff yr eglwys yn agor i gangell o'r bedwaredd ganrif ar bymtheg sy'n ymestyn ar draws y ddau ohonynt, ond yn yr Oesoedd Canol

Because occupation in the uplands was sparse and scattered in the Middle Ages, many upland churches served huge parishes, with people travelling a long way to get to a service on Sundays. Bedwellty is one such parish with its church situated on a hilltop in the south-western corner.

Bedwellty church itself is a large one, of the type known as a 'double-nave church', because what might otherwise be considered an aisle is of the same width as the nave. A number of theories have been put forward to explain this arrangement. One is that double-nave churches are linked to parishes where there were formerly *clasau*, the mother churches of pre-Norman Wales whose territories sometimes covered vast areas (Radford 1963). But in the case of Bedwellty there is no other evidence that would support this idea, and it does not seem to be a very good fit with the churches in south Wales generally. Other theories suggest that the second nave is linked to increased emphasis on the cult of the Virgin Mary in the fifteenth century, or with the local gentry of this period wanting more space to display the wealth and status of their families (Williams 1976: 434; Butler 1996: 108). The double-nave arrangement at Bedwellty seems to be an early one because the arcade dividing the two halves is in the Early English style, current in the first half of the twelfth century, and because the long outer walls have an internal batter (i.e. they are thicker at the bottom than at the top), a style of building that had gone out of fashion by the fifteenth century. The arches at the eastern end of the naves open into a nineteenth-century chancel that extends

Ffigur 41: *Eglwys Sant Sannan, Bedwellte.* Awyrlun o eglwys ganoloesol yn y blaenau sydd ag ychwanegiadau diweddarach ati. (AP_2014_4991, NPRN 302114)

Figure 41: *St Sannan's Church, Bedwellty.* A medieval upland church with later additions, viewed from the air. (AP_2014_4991, NPRN 302114)

mae'n fwy na thebyg i'r eglwys fod mewn dau hanner ac i'r naill fod yn gangell a'r llall yn gapel.

Ar y llaw arall, eglwys ar raddfa lawer llai yw un Llanhiledd (sydd wedi'i chysegru i Sant Illtud) – dim ond corff, cangell, a thŵr sydd hefyd yn gyntedd. Yn wreiddiol, yr oedd hi hyd yn oed yn llai. Pan ymwelodd yr Archddiacon Coxe â hi ym 1799, sylwodd nad oedd yno'r un tŵr a bod y clychau'n hongian ym mhen corff yr eglwys (Coxe, 1801: 252–53). Cafodd yr hyn sy'n edrych fel tŵr canoloesol cwbl safonol, felly, ei godi yn y bedwaredd ganrif ar bymtheg mewn gwirionedd. Mae ôl-ogwydd i furiau corff eglwys Llanhiledd hefyd, ond gan fod y drws gorllewinol gwreiddiol a'r ambari wedi'u haddurno â bwâu Tuduraidd fe welir mai yn y

across both of them, but in the Middle Ages it was probably in two halves, one used as the chancel and the other as a chapel.

In contrast, Llanhilleth church (dedicated to St Illtyd) is on a much smaller scale – just nave, chancel, and a tower that doubles as a porch. It was originally even smaller. When Archdeacon Coxe visited it in 1799, he noted that there was no tower and the bells hung at the end of the nave (Coxe 1801: 252–53), so what looks like a perfectly standard medieval tower was actually built in the nineteenth century. The nave of Llanhilleth church also has battered walls, but the original west door and the aumbry are both embellished with Tudor arches, showing that this church had a makeover in the

bymthegfed ganrif neu'r un ddilynol y gweddnewidiwyd yr eglwys honno. Tua'r un pryd, codwyd cyntedd newydd i eglwys Bedwellte, a hynny pan oedd llu o eglwysi eraill Gwent hefyd wrthi'n gwario arian ar brosiectau adeiladu.

Ysgogodd y Chwyldro Diwydiannol newidiadau yn y patrymau anheddu wrth i weithwyr a'u teuluoedd symud i'r Cymoedd i weithio yn y pyllau glo a'r gweithfeydd metel. O edrych ar y mapiau, gallwn weld sut y tyfodd mynwentydd Bedwellte a Llanhiledd i greu lle i gladdu rhagor o bobl. Yn y pen draw, codwyd eglwysi newydd i wasanaethu'r cymunedau newydd hynny gan beri bod hen eglwys y plwyf bellach yn ymylol neu hyd yn oed yn ddiangen. Yn Llanbedr-ar-fynydd ym Morgannwg, dadfeilio fu hanes yr eglwys ganoloesol ar y mynydd am iddi fod yn fwy cyfleus i'w phlwyfolion addoli yn yr eglwys newydd ym Mrynna lle'r oedd y mwyafrif ohonynt bellach yn byw.

fifteenth or sixteenth century. Bedwellty had a new porch at around the same time, when many other churches in Gwent were also spending money on building projects.

Changes in settlement patterns were set in motion by the Industrial Revolution as workers and their families moved into the Valleys for the mines and metal works. At both Bedwellty and Llanhilleth we can see from maps how the churchyard grew to provide room for extra burials. Eventually, new churches were built to serve these new communities and the old parish church might then become peripheral or even redundant. At Peterston-super-Montem in Glamorgan the medieval church on the mountain fell into ruin because its parishioners found it more convenient to worship in the new church at Brynna where most of them now lived.

Ffigur 42: *Eglwys Sant Sannan, Bedwellte, o'r gogledd-ddwyrain yn gynnar ym mis Mehefin 2006.* (AP_2006_1438, NPRN 302114)

Figure 42: *St Sannan's Church, Bedwellty, viewed from the north-east in early June 2006.* (AP_2006_1438, NPRN 302114)

Anheddu'r Blaenau yn yr Oesoedd Canol

Trawsffurfiwyd y de-ddwyrain yn ystod y goresgyniad Normanaidd ac ar ôl hynny yn yr unfed ganrif ar ddeg a'r ganrif ddilynol yn sgil cyflwyno cestyll, abatai ac ystadau mynachlogydd. Cyn pen dim, llwyddodd ymgyrchoedd William fitz Osbern, iarll Henffordd, a'r Brenin William II yn ddiweddarach, i oresgyn llawer o wastadedd arfordir ac iseldiroedd Gwent. Atgyfnerthwyd rheolaeth y Normaniaid dros y diriogaeth honno drwy godi cestyll o dyweirch a choed ar ben gwastad tomen a gynhaliai dŵr pren neu orthwr, ynghyd â beili – lloc ac iddo balisâd ar ben clawdd.

Codwyd y castell tomen-a-beili yn Nhwmbarlwm ar safle trawiadol uwchlaw rhannau helaeth o iseldiroedd Gwent a Morgannwg, a gellir hefyd ei weld o leoedd mor bell i ffwrdd â Phen-y-lan yng Nghaerdydd. Fe'i codwyd lawn cymaint i dra-arglwyddiaethu ar y tiroedd o'i amgylch ag i amddiffyn. Mae i'r domen fawr ochrau serth a phen gwastad ac fe saif ym mhen dwyreiniol cefnen hir. Ar yr ochr orllewinol, fe'i hamgylchynir â ffos a dorrwyd yn ddwfn i'r graig ac mae carnedd gladdu fach o'r Oes Efydd ar yr ymyl allanol. Ailddefnyddiwyd bryngaer o'r Oes Haearn i greu'r beili enfawr.

Cafwyd awgrym (gweler yr Eitem Nodwedd) mai Gilbert de Clare III ('Gilbert Goch'), arglwydd Morgannwg (bu farw ym 1295) a gododd gastell Twmbarlwm: ef hefyd oedd yn gyfrifol am godi cestyll gwych Caerffili, Castell Coch a Morlais (gweler isod). Os felly, byddai wedi'i godi i warchod terfynau gogleddol ei arglwyddiaeth, sef Gwynllŵg, yn erbyn Llywelyn ein Llyw Olaf, tywysog a amheuai hawl Gilbert i arglwyddiaeth Senghennydd. Er hynny, mae diwedd y drydedd ganrif ar ddeg fel petai'n hwyr iawn ar gyfer codi castell tomen-a-beili a byddid wedi disgwyl rhywbeth tebyg i Gastell Morlais, sydd mewn safle tebyg ar uwchdir anghysbell. Cyd-destun posibl arall ar gyfer codi Twmbarlwm – ac un mwy tebygol, efallai – fyddai ymgyrch William II (Rufus) ym 1093 i geisio estyn rheolaeth y Normaniaid dros gymoedd Gwent.

Ymatebodd y Cymry'n fuan i fygythiad y Normaniaid drwy godi eu cestyll eu hunain ac fe all mai arweinwyr y

Medieval Upland Settlement

The transformation of south-east Wales during and after the Norman conquest of the eleventh and twelfth centuries saw the introduction of castles, abbeys and monastic estates. Campaigns by William fitz Osbern, earl of Hereford, and later by King William II, rapidly subdued much of the coastal plain and lowlands of Gwent. Norman control of newly conquered territory was consolidated by the construction of turf and timber castles. These consisted of a motte – a flat-topped mound that supported a wooden tower or keep – with an adjoining embanked and palisaded enclosure known as a bailey.

Set in an imposing position with commanding views of large areas of lowland Gwent and Glamorgan, the motte and bailey castle at Twmbarlwm can also be seen from as far afield as Penylan in Cardiff and was built as much to dominate the surrounding areas as to afford defence. The motte is large, steep-sided and flat-topped and stands at the eastern end of an elongated ridge. On its west side, it is surrounded by a deep rock-cut ditch with what looks like a small Bronze Age burial cairn on the outer lip. The enormous bailey is a reused Iron Age hillfort.

It has been suggested that Twmbarlwm (see Box Feature 2) was built by Gilbert de Clare III ('Gilbert the Red'), lord of Glamorgan (died 1295) who was also responsible for constructing the magnificent fortresses at Caerphilly, Castell Coch and Morlais (see below). If so, it would have been built to guard the northern borders of his lordship of Wentloog against Llywelyn the Last who disputed Gilbert's right to the lordship of Senghenydd. However, the end of the thirteenth century seems very late for the construction of a motte and bailey castle and one would expect something comparable to Morlais Castle, which is in a similarly remote upland position. Another possible, and perhaps more likely context, for the construction of Twmbarlwm could be the campaign conducted by William II (Rufus) in 1093 as he attempted to extend Norman control over the Gwent valleys.

The Welsh soon responded to the Norman threat by building castles of their own and some of the upland

Ffigur 43: *Awyrlun o domen Twmbarlwm sy'n amlygu'r ffos ddofn o'i hamgylch. Torrwyd y ffos i'r graig mewn mannau ac mae'n ymddangos fel petai'n torri drwy ffos y lloc o'r Oes Haearn a oedd yno cynt.* (AP_2014_3040, NPRN 269157)

Figure 43: *Twmbarlwm Motte. Aerial view of the mound highlighting its deep surrounding ditch, rock-cut in places, which appears to cut through the ditch of the Iron Age enclosure which preceded it.* (AP_2014_3040, NPRN 269157)

Cymry yng Ngwent a gododd rai o'r tomenni yn y blaenau. Yn union gyferbyn â Thwmbarlwm ar y gefnen uchaf i'r gorllewin o Gwm Ebwy mae Twyn Tudur, tomen fawr a serth ei hochrau sydd â ffos ddofn o'i hamgylch, ond does dim arwydd o feili amddiffynnol yno. I'r gorllewin o eglwys Sant Illtud uwchlaw Abertyleri saif tomen fawr arall, Twmp Siencyn Siôn, sy'n dal mewn cyflwr da. Gan fod y domen fel petai hi wedi'i chrybwyll mewn cerdd o'r nawfed neu'r ddegfed ganrif (gweler uchod), gall yn hawdd gynnwys tomen gladdu gynharach o'r cyfnod cynhanesyddol. Mae Twyn Tudur a Thwmp Siencyn Siôn wedi'u codi wrth ymyl eglwysi canoloesol ac awgryma hynny y câi'r eglwysi eu hamddiffyn gan garsiynau'r cestyll.

Cyn hir, disodlwyd pren a thyweirch gan gerrig, ac yn y de-ddwyrain y ceir rhai o gestyll gwychaf Prydain. Er i gestyll ffiwdal enfawr fel Caerffili, y Castell Gwyn a Rhaglan gael eu codi gan adlewyrchu grym a chyfoeth aruthrol eu hadeiladwyr, sef Gilbert de Clare, arglwydd Morgannwg, Hubert de Burgh, arglwydd y Tri Chastell, a William Herbert, iarll Penfro, nid i'r tiroedd isel y cyfyngwyd codi cestyll.

Codwyd Castell Morlais gan Gilbert de Clare rywbryd yn y 1290au cynnar ar dir a oedd yn destun anghydfod rhyngddo ef fel arglwydd Morgannwg a Humphrey de Bohun, arglwydd Aberhonddu. Yr oedd y ddau farwn wedi dechrau rhyfela'n agored erbyn 1290 ac ni pheidiodd yr ymladd tan i Edward I ymyrryd yn uniongyrchol ac yn bendant drwy eu hanfon ill dau i Dŵr Llundain. Mae'r castell trawiadol hwn, sydd yn fras ar ffurf diemwnt, yn sefyll mewn safle dramatig ar fryncyn uchel i'r gogledd o Ferthyr Tudful, ac mae cwar wrth ei ochr. Mae'r adfeilion wedi'u hamgylchynu ar dair ochr gan ffos enfawr a dorrwyd i'r graig, ac maent yn cynnwys llenfur sydd wedi syrthio a sylfeini sawl tŵr ac adeiladau mewnol eraill. Âi'r fynedfa wreiddiol, a oedd â thŵr ar ffurf drwm bob ochr iddi, drwy'r mur dwyreiniol, sef yr un a ddiogelwyd orau ac sy'n codi bron i 3 metr o uchder. Mae cyfanswm o chwe thŵr wedi goroesi, un ym mhen gorllewinol y diemwnt, tri yn ei ben dwyreiniol ac un yr un yn ei ben gogleddol a deheuol. Yn y gornel ogleddol ceir ward fewnol a gorthwr mawr.

mottes in the area may have been built by the Welsh rulers of Gwent. Directly opposite Twmbarlwm on the high ridge west of the Ebbw valley, is Twyn Tudur – large, steep-sided and surrounded by a deep ditch, though there is no sign of a defended bailey. To the west of St Illtyd's church above Abertillery stands Twmp Siencyn Siôn – another large and a well-preserved example. In this case, as the motte seems to be mentioned in a poem of the ninth to tenth centuries (see above), it may well incorporate an earlier, prehistoric burial mound. Both Twyn Tudur and Twmp Siencyn Siôn are set next to medieval churches and this suggests that the churches were under the protection of the garrisons of the castles.

Timber and turf soon gave way to masonry and southeast Wales boasts some of the finest castles in Britain. Feudal fortresses such as Caerphilly, White Castle and Raglan were built on a truly monumental scale and reflect the immense power and wealth of their builders – Gilbert de Clare, lord of Glamorgan, Hubert de Burgh, lord of the Three Castles and William Herbert, earl of Pembroke. However, castle-building was not confined to the lowlands.

Morlais Castle was built by Gilbert de Clare sometime in the early 1290s on territory disputed between himself as lord of Glamorgan and Humphrey de Bohun, lord of Brecon. Open warfare had broken out between the two magnates by 1290 and only came to an end with the direct and forceful intervention of Edward I, who sent them both to the Tower of London. Roughly diamond-shaped, this striking castle stands in a dramatic position on a high knoll to the north of Merthyr Tydfil flanked by a quarry. The ruins are surrounded on three sides by a massive rock-cut ditch and consist of a collapsed curtain wall and the foundations of several towers and other internal buildings. The original entrance, flanked by a drum-shaped tower, is through the east wall, which is the best-preserved, standing to almost 3 metres in height. Six towers survive in all, one on the west, three on the east and one each at the north and south points of the diamond. There is an inner ward and large keep in the northern corner.

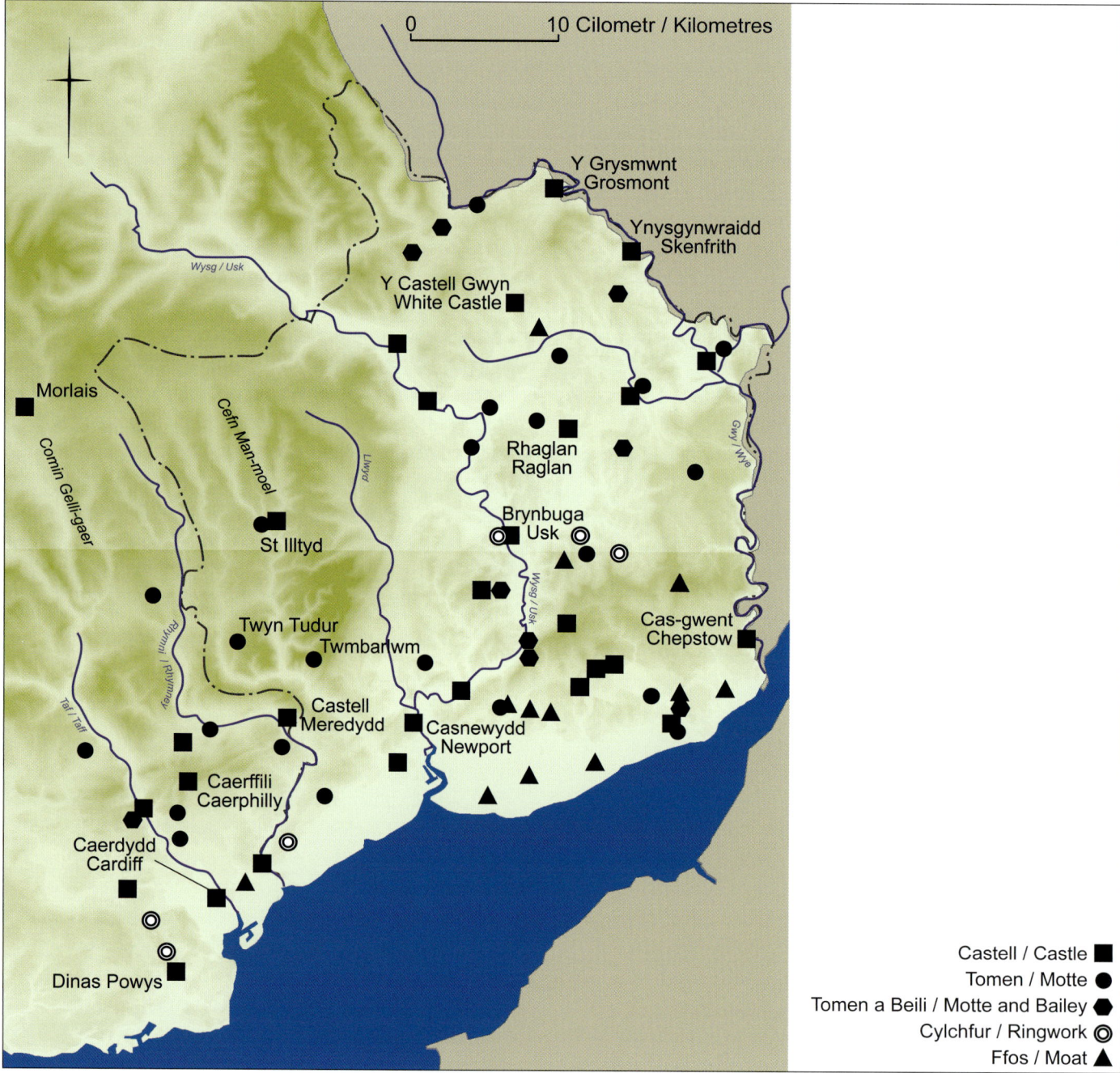

Ffigur 44: *Safleoedd amddiffynnol canoloesol yn y de-ddwyrain.* (AUG2016_05)

Figure 44: *Medieval defensive sites in south-east Wales.* (AUG2016_05)

Ffigur 45: *Twyn Tudur. Awyrlun o'r domen a godwyd gan y Cymry. Gerllaw mae eglwys Sant Tudur y ceir peth tystiolaeth iddi gael ei sefydlu yn yr Oesoedd Canol Cynnar.* (AP_2014_3063, NPRN 268152)

Figure 45: *Twyn Tudur. Aerial view of the Welsh motte. Close by is the church of St Tudur for which there is some evidence for an early medieval foundation.* (AP_2014_3063, NPRN 268152)

Ymhlith yr adeiladau mewnol mae adeiladwaith petryal mawr yn erbyn y mur dwyreiniol ar y chwith wrth gerdded drwy'r prif borth. Ceir hefyd seston ddŵr enfawr (a pheryglus iawn) wedi'i thorri i'r graig yn y ward allanol. Yn y ward fewnol ceir gweddillion neuadd ag ystafelloedd ategol, ffyrnau, capel neu solar, efallai, ac adfeilion gorthwr mawr crwn. Yr adeiladwaith mwyaf cyflawn yno yw is-grofft y tŵr de-ddwyreiniol mawr sydd â cholofn ganolog

Internal buildings include a large rectangular structure against the east wall on the left as one walks through the main gate. There is also a massive (and very hazardous) rock-cut water cistern in the outer ward. In the inner ward, there are the remains of the hall with ancillary rooms, ovens, a possible chapel or solar and the ruins of a large, circular keep. The most complete structure on the site is the undercroft of the large south-east tower with a

Ffigur 46: *Castell Morlais. Awyrlun o safle'r castell, adeilad enfawr sydd bellach bron â dirywio'n ddim ond gwrthglawdd.* (AP_2007_1720)

Figure 46: *Morlais Castle. An aerial view of the castle site, a huge structure now almost completely reduced to an earthwork.* (AP_2007_1720)

enfawr a deuddeg asen fowtio (Whittle, 1992: 141–42; CBHC, 2000: 208–29).

Maith a ffyrnig fu gwrthwynebiad y Cymry i'r goncwest Normanaidd. Bu i'r teulu o dywysogion a sefydlwyd gan Morgan ac Iorwerth ab Owain yng Nghaerllion yn y 1130au reoli llawer o uwchdir Gwynllŵg a Gwent, a daliodd eu holynwyr eu gafael ar annibyniaeth y Cymry tan tua diwedd y drydedd ganrif ar ddeg. Ger cwar mawr Machen fe saif gweddillion Castell Meredydd, castell a godwyd o gerrig gan dywysogion Caerllion (gweler yr Eitem Nodwedd).

Gall mân olion gwrthgloddiau Castell Taliorum ger eglwys Sant Illtud fod yn gastell arall a godwyd gan y Cymry. Datgelodd y cloddio ym 1924 a 1925 fod yno sylfeini dau dŵr mawr a godwyd o gerrig (Lewis, 1924; 1925). Gorthwr croes ryw 21 metr (70 troedfedd) ar ei draws ac iddo gorneli cilan oedd un ohonynt (King, 1983: 285). Goleuid y tu mewn, a oedd ar ffurf croes, gan ffenestri pengrwn ac

massive central pillar and twelve vaulting ribs (Whittle 1992: 141–42; RCAHMW 2000: 208–29).

Welsh resistance to the Norman conquest was fierce and prolonged. The dynasty established by Morgan and Iorwerth ab Owain at Caerleon in the 1130s controlled much of upland Gwynllŵg and Gwent and their successors maintained Welsh independence until the late thirteenth century. Near the large quarry at Machen stand the remains of Castell Meredydd, a masonry castle built by the Welsh princes of Caerleon (see Box Feature 5).

The faint earthworks of Castell Taliorum near St. Illtyd's church may also represent another Welsh castle. Excavations carried out in 1924 and 1925 revealed the foundations of two large, stone-built towers (Lewis 1924; 1925). One was a cruciform keep-tower some 21 metres (70 feet) across with recessed corners (King 1983, 285). The cruciform interior was lit by round-headed windows

agennau saethu ac iddynt silffoedd serth. Ryw 6 metr i'r dwyrain yr oedd haenau isaf (wedi'u rhannol ddinistrio) twr crwn a oedd â diamedr allanol o ryw 19 metr (64 troedfedd). Efallai i'r tu mewn fod yn grwn neu'n amlonglog a chafwyd hyd i olion colofn ganolog. Defnyddiwyd grut Pennant lleol yn wyneb i'r craidd o rwbel a chlai, ynghyd â cherrig nadd o Fforest Ddena. Wrth gloddio, cafwyd hyd i grochenwaith o'r ail ganrif ar bymtheg ac o'r Oesoedd Canol – ond doedd dim byd yno'n hŷn na'r bedwaredd ganrif ar ddeg.

and steeply shelving arrow-loops. Some 6 metres to the east were the partly destroyed base courses of a round tower about 19 metres (64 feet) in external diameter. The interior may have been circular or multi-angular and there were traces of a central pillar. Local Pennant grit was used for facing the rubble and clay core, with dressings of stone from the Forest of Dean. The excavations produced both seventeenth-century and medieval pottery – though none was older than the fourteenth century.

Ffigur 47: *Castell Morlais. Llun o du mewn is-grofft y castell, un o'r ychydig ddarnau sydd wedi'u diogelu'n dda ar yr hyn sy'n dal yn safle trawiadol.* (9300887/1, NPRN 93014)

Figure 47: *Morlais Castle. View inside the castle undercroft, one of the few well-preserved parts of what remains an impressive site.* (9300887/1, NPRN 93014)

EITEM NODWEDD 5 • BOX FEATURE 5

Castell Meredydd, Machen
JEREMY KNIGHT

Mae adfeilion y castell hwn o gerrig wedi'u gorchuddio gan goed a phlanhigion, a safant ar gefnen o graig sy'n brigo uwchlaw Cwm Rhymni ac uwchlaw'r anheddiad ym Machen Uchaf lle y cloddiai'r Rhufeiniaid am blwm. Amddiffynnir y castell yn y de gan lethr naturiol a serth, ond mae'r tir uwch tua'r gogledd yn edrych dros y safle. Mae brig y gefnen wedi'i dorri'n ôl i ffurfio dwy ward fach ac mae ffos groes rhyngddynt. Yn y ward ddwyreiniol fewnol ceir sylfeini tŵr neu orthwr crwn yr oedd ei ddiamedr tua 10 metr (rhyw 33 o droedfeddi). Mae rhai haenau o rwbel wedi goroesi yn y tu mewn, wedi'i raddol amgylchynu gan wreiddiau coed, ond yr unig nodwedd sy'n goroesi yw sylfaen llithrfa geudy. Yn y ward orllewinol allanol ceir olion adeilad petryal o gerrig a all fod yn weddillion neuadd. Ceir mân olion llenfur a groesai ben y ffos ac mae'n debyg i hwnnw barhau o amgylch y ward allanol. Ar glawdd tua'r gogledd mae ward allanol a oedd, mae'n debyg, yn cynnwys adeiladau domestig cysylltiedig. Mae llawer o rwbel cerrig ar y safle ond bu lladrata mawr yno, efallai i fwydo'r odynau calch gerllaw, a phrin yw'r cerrig sy'n dal yno.

Mae'r tŵr crwn yn cysylltu Castell Meredydd â chestyll tywysogion y Cymry ac, yn anuniongyrchol, â chestyll Eingl-Normanaidd – y rhai o ddechrau'r drydedd ganrif ar ddeg sydd â thyrau mawr fel Ynysgynwraidd, Tre-tŵr a Bronllys. Weithiau, cysylltir Castell Meredydd, a elwir hefyd yn Gastell Machen neu'n Gastell Coch, â Meredydd, y pennaeth y dywedir iddo farw ym 1196. Gwneir hynny ar sail yr enw, mae'n debyg, ond drysu sydd yma rhyngddo a'r Meredydd Gethin a fu fyw'n ddiweddarach. Efallai mai bathiad hynafiaethol o'r bedwaredd ganrif ar bymtheg yw'r enw ac mae'r dyddiad yn rhy gynnar ar gyfer y cerrig sydd yno. Mae'n debyg

The overgrown and tree covered ruins of this masonry castle are sited on an outcropping ridge of rock overlooking the Rhymney valley above the Roman lead-mining settlement at Upper Machen. The castle is protected on the south by a steep natural slope, but higher ground to the north overlooks the site. The summit of the ridge has been cut back to form two small wards, separated by a cross ditch. On the eastern, inner ward are the foundations of a circular keep or tower around 10 metres (about 33 feet) in diameter. Some coursed rubble facing survives on the interior, partly enveloped in tree roots, but the only surviving feature is the base of a latrine chute. The western, outer, ward has traces of a rectangular stone building, possibly a hall. There are slight remains of a curtain wall crossing the end of the ditch and this presumably continued around the outer ward. To the north is an embanked outer ward, which presumably contained associated domestic buildings. There is much stone rubble on the site, but it has been badly robbed, perhaps to feed the lime kilns nearby and little masonry survives in situ.

The circular tower links Castell Meredydd to the castles of the Welsh princes and indirectly to such early thirteenth-century Anglo-Norman castles with circular great towers as Skenfrith, Tretower or Bronllys. Castell Meredydd, also known as Machen Castle or Castell Coch, is sometimes associated with a ruler Meredydd, said to have died in 1196, presumably on the basis of the name, but this is confusion with the later Meredydd Gethin. The name may be a nineteenth-century antiquarian coinage and the date is too early for the existing masonry. The builder was probably Morgan ap Howell, the last Welsh lord of Caerleon. He was

mai Morgan ap Howell, arglwydd olaf y Cymry yng Nghaerllion, a'i cododd. Gyrrwyd Morgan o Gaerllion gan William Marshal yr Hynaf ym 1217 wedi iddo ochri gyda Llywelyn Fawr a'r barwniaid gwrthryfelgar yn ystod yr argyfwng ar ddiwedd teyrnasiad y Brenin John. Er i'r achos cyfreithiol bara'n hir, ni lwyddodd Morgan erioed i adennill ei afael ar y dref a'r castell. Mae'n fwy na thebyg iddo gilio i'w ddaliad arall ym Machen a chodi amddiffynfeydd yno. Ym 1235 cipiwyd castell Morgan ym Machen gan fab William, Gilbert Marshall. Mae'n fwy na thebyg i Gastell Meredydd gael ei godi rywbryd rhwng y ddau ddigwyddiad hynny. Er gwaethaf gorchymyn brenhinol i adfer tiroedd Morgan i'w feddiant, chafodd ef mo'r castell yn ôl. Adeg ei farw ym 1248, aeth yr hyn a oedd yn weddill o'i diroedd i ddwylo gŵr ei ferch, Angharad, Gruffydd ap Meredydd Gethin, ond cipiwyd y rhan fwyaf ohonynt gan Gilbert de Clare ym 1272–73. Nid yw'n hysbys a ddaliwyd i ddefnyddio'r castell yn gangen o Gaerffili, ond honnir bod Angharad yn un o hynafiaid Morganiaid Tŷ Tredegar.

expelled from Caerleon by William Marshal the Elder in 1217, having sided with Llywelyn the Great and the baronial opposition during the crisis at the end of King John's reign. Despite lengthy legal proceedings he was never able to recover the town and castle. He probably withdrew to his other holding at Machen and fortified it. In 1235 Morgan's castle at Machen was seized by William's son, Gilbert Marshall. Castell Meredydd probably dates from between these two events. Despite a royal command to return Morgan's lands, he never recovered the castle. On his death in 1248 what remained of his lands passed to his daughter Angharad's husband Gruffydd ap Meredydd Gethin, but most of them were seized by Gilbert de Clare in 1272–73. It is not known whether the castle continued in use as a satellite of Caerphilly, but Angharad is claimed as an ancestress of the Morgans of Tredegar House.

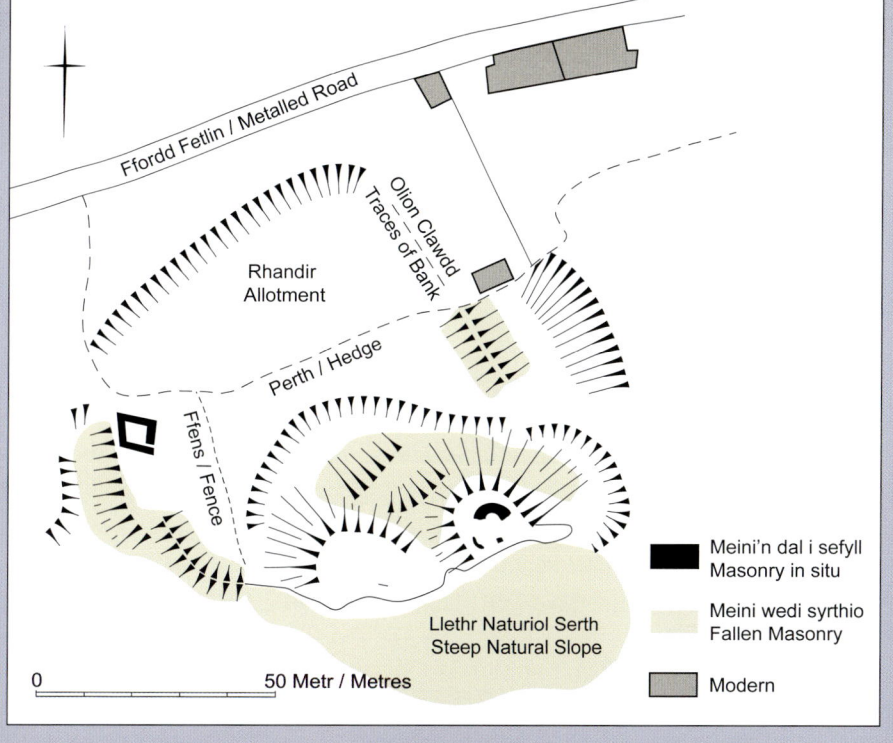

Ffigur 48: *Castell Meredydd. Cynllun castell sydd bellach yn ddim ond gwrthglawdd.*
(AUG2016_06, NPRN 307828)

Figure 48: *Castell Meredydd. Plan of the castle, now reduced to earthworks.*
(AUG2016_06, NPRN 307828)

Ffigur 49: *Comin Gelli-gaer. Dau dŷ llwyfan nesaf at ei gilydd ar ochr ddwyreiniol y Comin. Mae safleoedd fel hyn i'w cael o amgylch llethrau'r Comin ger cyrion y tir ffermio a gaewyd.* (AP_2008_3134, NPRN 15320)

Figure 49: *Gelligaer Common. Two house platforms side by side on the east side of the Common. Sites like this can be found around the slopes of the Common close to the fringes of enclosed farmland.* (AP_2008_3134, NPRN 15320)

Yn wahanol i'r arglwyddi a'r tywysogion a fu'n ymgiprys am rym gwleidyddol, crafu bywoliaeth dlawd o dir ymylol drwy fugeilio defaid a gwartheg ar gyrion y gymdeithas ganoloesol a wnâi gwerin blaenau Gwent. Efallai mai'r darlun gorau o'u bywydau yw'r un a geir drwy astudio'r tai llwyfan y bu'r Fonesig Aileen Fox yn eu cloddio ar Gomin Gelli-gaer yn y 1930au.

Ar ochr ddwyreiniol y gefnen ceir 11 o dai llwyfan, y grŵp mwyaf ohonynt yn ne-ddwyrain Cymru. Torrwyd y terasau petryal hyn i mewn i dir sy'n codi, ac mae echelinau hir y

In contrast to the lords and princes vying for political power, the ordinary people of the Gwent uplands scraped an impoverished living from marginal land as shepherds and cowherds on the edges of medieval society. Their lives are perhaps best illustrated by the platform houses excavated by Lady Aileen Fox on Gelligaer Common in the 1930s.

On the eastern side of the ridge are 11 house platforms – the biggest group in south-east Wales. These are rectangular terraces mostly with their long axes at right

Ffigur 50: *Cloddio yn Ninas Noddfa, Comin Gelli-gaer, ym 1936.* (Amgueddfa Cymru DH004892, NPRNs 15304-5)

Figure 50: *Excavations in progress at Dinas Noddfa, Gelligaer Common, in 1936.* (National Museum of Wales DH004892, NPRNs 15304-5)

mwyafrif ohonynt ar ongl sgwâr i'r gyfuchlin. Mae eu pennau allanol, ar y tir sy'n disgyn, wedi'u codi uwchlaw'r llethr. Ar hyd eu hochrau hiraf, yn y gogledd a'r de, mae gan rai ohonynt gloddiau isel. Cafodd tri llwyfan sydd mewn clwstwr ym mhen gogleddol y grŵp eu cloddio ym 1938. Ar y llwyfan canolog y safai'r prif dŷ, sef adeilad petryal ac iddo furiau o haenau o gerrig a thyweirch. Dau bostyn a gynhaliai frig y to a cheid dau ddrws gyferbyn â'i gilydd yn yr ochrau hir, a llwybr coblog at y naill a'r llall. Y tu mewn, yr oedd aelwyd yn y pen gorllewinol mewnol a gweddillion llawr pafin yn y pen dwyreiniol allanol. Safai adeilad o goed ar y llwyfan gogleddol. Gallai hwnnw fod yn stordy, ac ar y llwyfan deheuol safai adeilad llai o faint ac iddo iard agored ac aelwyd. Mae'r crochenwaith y cafwyd hyd iddo yno'n dangos i bobl fyw ar y safle hwn yn y drydedd neu'r bedwaredd ganrif ar ddeg.

Yn Ninas Noddfa, ceir dau grŵp arall o dai llwyfan, sef clwstwr o dri tua'r gogledd a phâr ryw 600 metr ymhellach tua'r de. Cloddiwyd y pâr deheuol o dai ym 1936. Mae'r llwyfan isaf, sy'n fwy o faint, yn rhyw 20 metr wrth 10

angles to the contour, cut into rising ground on the uphill side with their outer, downhill, ends built up above the slope. Some have low banks upon their longer northern and southern sides. Three platforms, in a cluster at the north end of the group, were excavated in 1938. The central platform contained the main house – a rectangular building with walls made up of layers of stone and turf. Two posts held up the ridge of the roof and there were two doors opposite each other in the long sides, each approached by cobbled paths. Inside, there was a hearth at the inner, western end and the remains of a paved floor in the outer, eastern, end. The northern platform was occupied by a timber building, which may have served as a store and on the southern platform stood a smaller building with an open yard and a hearth. Finds of pottery dated the occupation of the settlement to the thirteenth or fourteenth century.

At Dinas Noddfa, there are two more groups of platform houses – a cluster of three to the north and a pair about 600 metres further south. The southern pair of

metr, a safai tŷ petryal arno. Yma eto, yr oedd y muriau o dyweirch a cherrig, ac yr oedd iddo do crib. Ym mhob ochr hir ceid mynedfa â chyntedd y deuid ato ar hyd llwybr coblog. Y tu mewn, yr oedd man canolog (o bafin) a charthbwll. Mae'r llwyfan uchaf yn llai o faint (yn rhyw 15 metr wrth 8 metr) ac arno safai adeilad llai trawiadol ac iddo furiau o dyweirch ac un fynedfa'n unig. Yma eto, codwyd y tai yn y drydedd neu'r bedwaredd ganrif ar ddeg a safant yng nghanol olion caeau canoloesol sydd â'u cloddiau terfyn wedi erydu. Ceir yno 'garneddau carega', sef

houses was excavated in 1936. The larger, lower platform measures some 20 metres by 10 metres and was occupied by a rectangular house. Again, it had walls of turf and stone and a ridged roof. In each long side there was an entrance with a porch approached by a cobbled path. Inside, there was a central paved area and a cesspit. The upper platform is smaller (about 15 metres by 8 metres) and was occupied by a less imposing building with turf walls and a single entrance. The houses again date to the thirteenth or fourteenth century and sit among the

Ffigur 51: *Llwyfannau adeiladu, carneddau carega a mân olion grynnau amaethu yn Ninas Noddfa, Comin Gelli-gaer.* (AP_2014_4935, NPRNs 15304-5)

Figure 51: *Building platforms, clearance cairns and faint cultivation ridges at Dinas Noddfa, Gelligaer Common.* (AP_2014_4935, NPRNs 15304-5)

y pentyrrau o gerrig a gaiff eu creu wrth i bobl godi cerrig rhydd o'r caeau i hwyluso troi'r tir (Whittle, 1992, 96–97). Mae aneddiadau anghyfannedd eraill i'w cael o hyd yng Nghefn y Brithdir a Coly Uchaf ger Bedlinog (ibid: 192; CBHC, 1982: 27–31).

Yng Ngwent go-iawn, cafwyd hyd yn ddiweddar i anheddiad gwych ar y blaenau ger Bwlch y Garn, i'r dwyrain o Lynebwy. Yma, saif dau dŷ llwyfan, sydd wedi'u diogelu'n dda, ar lwyfannau sydd wedi'u codi ychydig, ac mae muriau'r tai'n goroesi fel cloddiau dan wair. Saif y llwyfannau mewn cymhlyg o lociau a cheuffyrdd, a thua'r gogledd ceir cae mwy o faint ac iddo rwn a rhych amlwg (Roberts a Graham, 2009: 126–28). Gellir hefyd weld grŵp o naw tŷ llwyfan, sydd mewn cyflwr da, ym mlaen Cwm Fedw ar Fynydd Machen. Glynwyd wrth yr hen arfer yno o dreulio'r gaeaf yn yr hendref ar lawr y cwm a symud y gyrroedd a'r diadelloedd i diroedd pori'r hafod ar y bryniau o ddechrau Mai tan ddiwedd Hydref.

Yn y dirwedd o garreg galch o amgylch Trefil, i'r gogledd o Dredegar, adlewyrchir y cylch hwnnw o weithgarwch bugeiliol yn glir mewn 'set' o nodweddion archaeolegol a geir dro ar ôl tro. Yma, cawn grynodiad o hafotai sydd wedi'u cadw'n dda. Fel rheol, cynhwysant weddillion cwt bach a chorlan grwn neu hirgrwn i gadw defaid neu wartheg ynddi. Mae'r rhain i'w cael ledled uwchdiroedd Cymru, ond yn Nhrefil fe ychwanegir odyn galch syml a chyntefig yn gyson at y set arferol honno. Arferai'r bugeiliaid ar ymyl ogleddol blaenau Gwent fanteisio ar y ddaeareg leol i wella porfa'r haf drwy wasgaru calch brwd dros y gweundir i ladd y grug a'r rhedyn a hoffai'r tir asid, a gadael i'r gwair gwerthfawr ffynnu. Yn y gwanwyn ac ar ddechrau'r haf mae'r tiroedd nodweddiadol o wair gwyrddlas ir yn dal i ddangos y tir a gâi ei drin mor ofalus gynt.

Ochr yn ochr â'r aneddiadau gwerinol hynny, câi ystadau helaethach eu rheoli gan y tirfeddianwyr mwy cyfoethog. Sefydlwyd abaty'r Sistersiaid yn Llantarnam ym 1175 neu 1179 gan Hywel ap Iorwerth, arglwydd Caerllion, a symudodd mynachod yno o Ystrad Fflur. Yr oedd gan y fynachlog Gapel i'r Forwyn Fair, clochdy a

remains of medieval fields marked by eroded boundary banks and 'clearance cairns' – piles of stone produced by people gathering loose stone off the fields to facilitate cultivation (Whittle 1992, 96–97). Other deserted settlements survive at Cefn y Brithdir and Coly Uchaf near Bedlinog (ibid.: 192; RCAHMW 1982: 27–31).

In Gwent proper, a fine upland settlement was recently discovered near Bwlch y Garn, east of Ebbw Vale. Here, two well-preserved platform houses sit on slightly elevated platforms with the house walls surviving as grassed-over banks. The platforms sit within a complex of enclosures and hollow ways and to the north is a larger field with prominent ridge and furrow (Roberts and Graham 2009: 126–28). A well-preserved group of nine house platforms can also be seen at the head of Cwm Fedw on Mynydd Machen. The old patterns of transhumance continued. People still spent the winters in the *hendre* ('home farm') in the valley bottoms and moved their flocks and herds up to the summer grazing grounds at the *hafod* ('summer dwelling') in the hills. Traditionally, the period from the beginning of May to the end of October was spent in the hills.

In the limestone landscape around Trefil, north of Tredegar, this cycle of pastoral activity is clearly reflected in a recurring 'set' of archaeological features. Here we find a concentration of well-preserved *hafotai*, usually consisting of the remains of a small hut and a circular or oval fold for penning sheep or cattle. These are well-known across the uplands of Wales. However, at Trefil, a third feature is regularly added to the usual set – a small, primitive limekiln. The shepherds of the northern edge of the Gwent uplands were taking advantage of the local geology to improve their summer grazing. Spreading quicklime over the moorland had the effect of killing off the acid-loving heather and bracken and so allowed the precious grass to flourish. In spring and early summer, the characteristic areas of bright green grass still mark the areas so carefully husbanded in past times.

Alongside these humble settlements, wealthier landowners managed more extensive estates. The

Ffigur 52: *Golwg ar dirwedd uwchdir Comin Gelli-gaer i'r gorllewin o flaenau Gwent. Mae'n dangos y ffridd neu'r tir pori garw ymylol sy'n cysylltu ffermydd y blaenau â'r gweundir a'r rhostir sydd heb eu cau.* (AP_2008_3121)

Figure 52: *Overview of Gelligaer Common upland landscape, lying to the west of the Gwent uplands, showing the ffridd or fringe rough pasture linking upland farms with unenclosed moor and heath.* (AP_2008_3121)

mynwent, ond yr unig olion o'r Oesoedd Canol yw rhai'r ysgubor ddegwm o'r drydedd ganrif ar ddeg (Williams, 1976: 78). Daliai abaty Llantarnam diroedd helaeth ym mlaenau Gwent ac mae'n fwy na thebyg i Hywel ap Iorwerth roi eiddo sylweddol iddo. Tir mynyddig oedd llawer ohono ac fe ymestynnai tua'r gorllewin i mewn i'r blaenau cyn belled ag Afon Rhondda Fach. Trefnid y tiroedd hynny'n faenorau, gan gynnwys Cil-lonydd a Rhyswg ger Aber-carn.

Cistercian abbey of Llantarnam was founded in 1175 or 1179 by Hywel ap Iorwerth, lord of Caerleon, and was colonised from Strata Florida. The monastery itself had a Lady Chapel, a bell tower and a cemetery, though the only surviving medieval remains are those of the thirteenth-century tithe barn (Williams 1976: 78). Llantarnam held extensive lands in the Gwent uplands and Hywel ap Iorwerth probably settled substantial property on the abbey. Much of their land was

Ffreutur, hundy, ysgubor ac adeiladau fferm eraill oedd cnewyllyn y faenor. Gallai hefyd fod â mur cyffin, porthdy a chlafdy a gynigiai lety i deithwyr (Williams, 2001: 192). Yr oedd gan faenorau dai gweddi a chapeli yn ogystal â'u hadeiladau amaethyddol. Bellach, unig ôl y capeli hynny yn y dirwedd, yn aml, yw enw lle'r lleol, e.e. Cae Eglwys yng Nghil-lonydd a Chapel Farm yn Aber-carn. Efallai mai unig olion presennol un o'r capeli hynny yw'r sylfeini bwaog yn St Dials yng Nghwmbrân (Williams, 1976: 81).

mountainous and stretched westward into the uplands as far as the Rhondda Fach. These lands were organised into granges including Cil-lonydd and Rhyswg near Abercarn.

The nucleus of the grange comprised a refectory, dormitory, granary and other farm buildings. There might also be a precinct wall, a gatehouse and a hospice for offering accommodation to travellers (Williams 2001: 192). As well as agricultural buildings, granges also had oratories and chapels. By now, the only trace of these chapels in the landscape is often a local place-name, e.g.

Ffigur 53: *Cefnen uchel ac amlwg Cefn Rhyswg, gan edrych tua'r gogledd-orllewin hyd at aneddiadau Aber-carn a Threcelyn ar lawr y cwm, sef lleoliad hen faenor fynachaidd Rhyswg.* (AP_2014_3043, NPRN 421323)

Figure 53: *The prominent elevated ridge of Cefn-Rhyswg, looking north-west to the valley settlements of Abercarn and Newbridge/Trecelyn, the location of the former monastic grange of Rhyswg.* (AP_2014_3043, NPRN 421323)

Amrywiai maint y maenorau yn aruthrol: gallai'r rhai ar diroedd isel a hoeliai eu sylw ar ffermio tir âr fod yn ddigon cymedrol eu maint ond byddai'r rhai yn y blaenau'r ymroi'n bennaf i gadw defaid a gwartheg – a gallent fod yn rhai llawer mwy (Williams, 2001: 193). O dan delerau Bwl a gyhoeddwyd gan y Pab ym 1208, yr oedd unrhyw dir a gâi ei ddiwyllio gan y fynachlog yn rhydd rhag y degwm. Gan i'r tiroedd hynny fod yn rhydd rhag y degwm rhwng diddymu'r mynachlogydd a 1836, gallwn amcangyfrif maint daliadau'r fynachlog mewn amrywiol fannau ym mlaenau Gwent. Gwyddom, felly, i'r faenor yng Nghil-lonydd fod â 210 o erwau, gan gynnwys 60 erw o goetir. Yr oedd gan gapel y pererinion yn Llandderfel 150 erw o dir a chan faenor Gelli Las, yng Nghwmbrân, 150 o erwau.

Ar y tiroedd hynny, byddai'r Sistersiaid yn amaethu tir âr ac yn bugeilio, yn clirio coetiroedd ac yn draenio llawer ar y tir. Mae'r dystiolaeth o ffermio tir âr yn goroesi ar ffurf ysguborion mawr yng Nghil-lonydd a St. Dials, er i ysgubor yr olaf gael ei hailwampio ym 1869. Yn y drydedd ganrif ar ddeg gellid tyfu ceirch ar dir dros 250 metr uwchlaw'r môr ac mae Cil-lonydd a Rhyswg wedi cadw grwn a rhych fras sy'n arwydd o droi'r tir yn yr Oesoedd Canol (ibid: 245). Tan y bedwaredd ganrif ar ddeg, bu'r Sistersiaid hefyd yn flaenllaw ym maes cynhyrchu ac allforio gwlân. Ceir cyfeiriadau lu yng nghofnodion y mynachlogydd at gorlannau a defeitai maenorau. Rhaid bod hynny wedi cael cryn effaith ar dirwedd y blaenau a gwyddom i'r mynachod fod wrthi'n brysur yn cloddio ffosydd a chreu llociau. Dywed dogfen o tua 1200 fod y Brawd Jewaf (Ieuaf) wrthi'n cloddio ffosydd o amgylch rhyw dir pori a oedd ar brydles. Mae cofnodion anghydfod ag Abaty Margam ynghylch tir yn dangos bod mynachod o Lantarnam yn gwneud "perthi, ffosydd a lloci au" yn Hirwaun Wrgan hyd at 1253. Yn sicr, mae llociau mynachod yn goroesi yn Llandderfel a Phwll-pen ac efallai mai mynachod a greodd lociau eraill ar y blaenau fel y rhai yng Nghefn Man-moel a Mynydd Carn y Cefn (Williams, 1976: 90).

Yn ogystal â'r adnoddau cwbl economaidd hynny, yr oedd abaty'n berchen ar gyrchfannau i bererinion. Daliodd Cae Eglwys ('church field') at Cil-lonydd and Chapel Farm at Abercarn. The only surviving remains of one of these chapels may be the arched foundations at St Dial's in Cwmbrân (Williams 1976: 81).

The sizes of granges varied enormously: those in lowland areas focused on arable farming might be quite modest in size whilst those in the uplands dedicated mainly to keeping sheep and cattle could be much larger (Williams 2001: 193). Under the terms of a Papal Bull issued in 1208, any land the monastery brought under cultivation was free of tithe. As these lands remained free of tithe after the Dissolution until 1836, we can reconstruct the size of the monastery's holdings at various places in the Gwent uplands. We know, therefore, that the grange at Cil-lonydd contained 210 acres, including 60 of woodland. The pilgrimage chapel at Llandderfel had 150 acres of land and the grange of Gelli Las, at Cwmbrân, contained 150 acres.

On these lands, the Cistercians were engaged in arable and pastoral farming, woodland clearance and extensive drainage. Evidence for arable farming survives in the form of large barns at Cil-lonydd and St. Dial's, though the former was reconstructed in 1869. In the thirteenth century, oats could be grown at altitudes of more than 250 metres and Cil-lonydd and Rhyswg retain the broad ridge and furrow indicative of medieval ploughing (ibid.: 245). Until the fourteenth century, the Cistercians were also leading wool producers and exporters. Monastic records are full of references to sheep-cots, folds and sheep-houses on their granges. The impact on the upland landscape must have been considerable and we know that the monks were actively engaged in digging ditches and creating enclosures. A document of about 1200 records that a Brother Jewaf (Ieuaf) was digging ditches around some leased pasture. Records of a dispute over land with Margam Abbey show that monks from Llantarnam were making "hedges, ditches and enclosures" at Hirwaun Wrgan up until 1253. Monastic enclosures certainly survive at Llandderfel and Pwll-pen and other upland enclosures like those on Cefn Manmoel and Mynydd Carn y Cefn may have monastic origins as well (Williams 1976: 90).

Yr Oesoedd Canol Cynnar a'r Oesoedd Canol • The Early Medieval and Medieval Periods

Ffigur 54: *Maenor Fynachaidd Cil-lonydd uwchlaw Trecelyn yng nghymoedd dwyrain Gwent. Mae'n debyg bod olion yr amaethu cynnar sydd i'w gweld yma ar 330 o fetrau uwchlaw'r môr ar ffurf rhychau cyfochrog yn dyddio o'r unfed i'r drydedd ganrif ar ddeg pryd yr oedd ffermio tir âr ar dir uchel yn beth digon cyffredin.* (AP_2014_5000; NPRN 421324)

Figure 54: *Cil-lonydd Monastic Grange above Newbridge/Trecelyn in the eastern Gwent valleys. Traces of early cultivation visible here at 330 metres OD in the form of parallel ridges likely date from the twelfth to thirteenth centuries when high altitude arable farming was widely practised.* (AP_2014_5000; NPRN 421324)

cysegr y Forwyn Fair ym Mhen-rhys yng Nghwm Rhondda i ddenu llu o bererinion tan i rywrai ei ddinistrio adeg y Diwygiad Protestannaidd. Yn ogystal â bod yn berchen ar y ffynnon sanctaidd, yr oedd yr abaty hefyd yn rhedeg tafarn yno i ddiwallu anghenion mwy bydol y pererinion

As well as these purely economic resources, the abbey owned places of pilgrimage. The shrine of the Virgin Mary at Penrhys in the Rhondda remained a major attraction for pilgrims until its destruction at the Reformation. In addition to the holy well itself, the abbey also operated a

Ffigur 55: *Capel i bererinion oedd Capel Sant Derfel, Llandderfel, uwchlaw Cwmbrân, ac ar un adeg bu'n eiddo i Abaty Llantarnam.*
(AP_2014_5011, NPRN 307835)

Figure 55: *St Derfel's Chapel, Llandderfel, above Cwmbrân was a pilgrimage chapel once owned by Llantarnam Abbey.*
(AP_2014_5011, NPRN 307835)

(Williams, 1976: 80). Nes adref, yr oedd capel i bererinion yn eglwys Sant Derfel yn Llandderfel a gellir dal i weld ei sylfeini. O'i amgylch yr oedd lloc sylweddol (ibid: 90).

Wrth i'r anheddu ymledu i dir ymylol yn y drydedd ganrif ar ddeg, gwelwyd ailadeiladu neu ailwampio mawr ar eglwysi plwyf. Gwelodd hyd yn oed flaenau Gwent godi eglwysi "on a generous scale" (Knight, 2008: 170) a gellir

tavern there to cater for the more worldly needs of the pilgrims (Williams 1976: 80). Closer to home was the pilgrimage chapel of St Derfel at Llandderfel, the foundations of which are still visible, surrounded by a substantial enclosure (ibid.: 90).

The expansion of settlement into marginal land in the thirteenth century saw widespread rebuilding or

Ffigur 56: *Tracffyrdd ar y blaenau. Mae goleuni isel y gaeaf ar y tir uchel agored uwchlaw capel Llandderfel yn amlygu'r ceuffyrdd pleth a grëwyd gan genedlaethau o deithwyr a bugeiliaid.* (AP_2014_5012, NPRN 402676)

Figure 56: *Upland trackways. Braided hollow trails on the open high upland above Llandderfel chapel, created by generations of travellers and shepherds, are picked out in low winter light.* (AP_2014_5012, NPRN 402676)

gweld enghreifftiau da o hynny ym Medwellte, Mynyddislwyn a Llanhiledd (gweler Eitem Nodwedd 5).

Gan fod blaenau Gwent yn lle prysur yn yr Oesoedd Canol, yr oedd cysylltiadau'n hanfodol. Gellir olrhain ffyrdd canoloesol ar ffurf ceuffyrdd ym mhennau gogledd

refurbishment of parish churches. Even the Gwent uplands saw church-building on a "generous scale" (Knight 2008: 170) and good examples can be seen at Bedwellty, Mynyddislwyn and Llanhilleth (see Box Feature 5).

Ffigur 57: *Mynydd Fochriw. Golwg o'r dwyrain ar lwybrau pleth y ffordd ganoloesol sy'n ymrannu dros sgarp gogleddol Mynydd Fochriw.* (AP_2014_4932, NPRN 23622)

Figure 57: *Mynydd Fochriw. Braided trackways of the medieval road fanning out over the north escarpment of Mynydd Fochriw, seen from the east.* (AP_2014_4932, NPRN 23622)

a de cefnennau uchel y cymoedd, a'r rheiny'n aml yn ymrannu ac yn ailymrannu'n llu o lwybrau a changhennau (CBHC, 1982: 348). Gwelir enghraifft wych o hynny'n disgyn ar hyd ochr ogleddol Mynydd Fochriw lle mae'r ffordd ganoloesol yn ymrannu ar draws darn o dir sy'n rhyw 200 metr o led. Mae'n dynodi pen gogleddol y ffordd Rufeinig ac efallai fod hynny'n profi i bobl ddal i

The Gwent uplands were a busy place in the Middle Ages and communications were vital. Medieval roads can be traced as hollow trails at the north and south ends of the high valley ridges, often dividing and redividing into multiple trails and branches (RCAHMW 1982, 348). A fine example can be seen descending the north flank of Mynydd Fochriw. Here, the medieval road fans out

ddefnyddio ffyrdd Rhufeinig tan rywbryd yn yr Oesoedd Canol (ibid: 352).

Yn y cyfnod ôl-ganoloesol, defnyddiwyd y blaenau at ddibenion eraill. Safle anarferol yn y fro yw cwningar Pen-rhiw ar Fynydd Machen, un sy'n gysylltiedig â Warren House uwchlaw Cwmfelin-fach. Yma, codwyd tyllau artiffisial neu 'domenni clustog' i fod yn gartref i gwningod, anifeiliaid a gafodd eu hailgyflwyno i Brydain gan y Normaniaid ac a gâi eu dal am eu ffwr a'u cig. Gan fod cwningod yn ffynnu mewn mannau sych a chynnes, mae'r tomenni clustog ar safle ar lethr sy'n wynebu'r de uwchlaw Cwm Fedw. Câi cwningaroedd o'r fath eu gwarchod yn ddyfal gan y cwningwr, ac yn y de a'r canolbarth cânt eu dyddio fel rheol i'r ddeunawfed ganrif neu ddechrau'r ganrif ddilynol (Williamson, 2006: 31). Wrth fapio archaeoleg safle Treftadaeth Byd Blaenafon fe astudiwyd awyrluniau'r Llu Awyr Brenhinol a sylwi ar set arall o domenni clustog, a honno o amgylch ffermdy a arferai sefyll ar lethrau Mynydd Coety ar ochr ddeheuol y cwm. Awgryma hynny y gall blaenau Gwent yn hawdd fod wedi colli enghreifftiau pellach ohonynt dros y blynyddoedd wrth i dai a diwydiannau ymledu'n gyflym i'r tiroedd yr arferid eu hamaethu.

Denwyd eraill i'r blaenau i saethu adar gwyllt, fel y cofnododd Edmund Jones ym 1779:

> On the Mountains are the Growse and Red-game Birds, much esteemed and sought after by Gentlemen in proper season. Many Wood-cocks in the watry Wood. (Jones, 1779: 40)

Mae hyd yn oed saethu grugieir wedi gadael ei ôl ar archaeoleg y gweundir lleol. Efallai mai'r enghraifft fwyaf trawiadol yw Bwrdd y Dug ar lannau Nant Trefil. Yma, codwyd bwrdd picnic crwn a mainc o bridd a thyweirch i bartïon saethu Dug Beaufort gael ciniawa yno yn yr awyr agored mewn cryn steil. Gerllaw, newidiwyd cwrs ffynnon naturiol i redeg i danc o garreg, a honnir mai ei ddiben oedd oeri gwin Ei Ras. Dangosir "Bwrdd y Dug" ar fap cyntaf yr

across an area about 200 metres wide. It marks the northern end of the Roman road and may prove that Roman roads continued to be used into the Middle Ages (ibid: 352).

In the post-medieval period, the uplands were used for other purposes. An unusual site in this area is the Pen-rhiw warren on Mynydd Machen, associated with Warren House above Cwmfelinfach. Here, five artificial burrows or 'pillow mounds' were built to house rabbits – reintroduced to Britain by the Normans and prized for both their fur and their flesh. Rabbits thrive in warm, dry spots and the pillow mounds are on a south-facing, sloping site above Cwm Fedw. Such warrens were jealously guarded by the warrener and, in southern and central Wales, are usually dated to the eighteenth or early nineteenth centuries (Williamson 2006: 31). Another set of pillow mounds was discovered on Royal Air Force aerial photos during archaeological mapping of the Blaenavon World Heritage site, located around a former farm on the slopes of Coity Mountain on the south side of the valley. This suggests that further examples may well have been lost over the years from the Gwent uplands following the rapid expansion of industry and housing into former agricultural zones.

Others were attracted to the uplands for the wild game, as Edmund Jones recorded in 1779:

> On the Mountains are the Growse and Red-game Birds, much esteemed and sought after by Gentlemen in proper season. Many Wood-cocks in the watry Wood. (Jones 1779: 40)

Even the grouse shooting has left its mark on the archaeology of the local moorland. Perhaps the most striking example is the Duke's Table on the banks of Nant Trefil. Here, a circular picnic table and bench were constructed of earth and turf to allow the Duke of Beaufort's shooting parties to dine *al fresco* in some style. Nearby, a natural spring was diverted into a stone tank, reputedly to cool His Grace's wine. The Duke's Table is

Arolwg Ordnans o'r ardal ym 1813 a gallai'n hawdd fod wedi bod yno cyn agor cwarrau Trefil ym 1794. Er nad yw ei chyflwr lawn cystal, mae enghraifft arall yn goroesi ryw bum cilometr ymhellach tua'r dwyrain ger Pwll Gwy-rhoc ar Fynydd Llangatwg.

shown on the first Ordnance Survey map of the area in 1813 as "Bwrdd y Dug" and may well predate the opening of the Trefil quarries in 1794. Another, less well-preserved example survives about five kilometres further east near Pwll Gwy-rhoc on Mynydd Llangatwg.

Ffigur 58: *Bwrdd y Dug, ger Trefil. Gweddillion bwrdd crwn a mainc o gerrig a godwyd i Ddug Beaufort a'i griw allu cael tipyn o luniaeth wrth hela.* (DS2015_135_004, NPRN 419806)

Figure 58: *Duke's Table, near Trefil. The remains of a circular stone table and bench built for refreshment stops during hunting excursions by the Duke of Beaufort and his entourage.* (DS2015_135_004, NPRN 419806)

PENNOD 5
Archaeoleg Ddiwydiannol

Diwydiannau Cynnar

Fel y gwelsom, rhoes Edmund Jones ddarlun byw i ni o'r boblogaeth wledig, gan mwyaf, a grafai fywoliaeth fain ar eu ffermydd a'u pentrefi bach diarffordd ym mlaenau Gwent. Ond dechreuwyd datblygu'r pyllau glo a'r gweithfeydd haearn hyd yn oed mor gynnar â 1779, ac yr oeddent eisoes yn gwneud drwg i'r amgylchedd lleol. Dyma sylw Edmund Jones ynghylch cyflwr Afon Ebwy Fawr:

> Higher up, the water is not very clear, being often troubled with the Pond waters scouring the Coal works; which is also unfriendly to the Fishes, and makes them more scarce. (Jones, 1779: 19)

Yn sicr, yr oedd ffwrneisi haearn bach yn bod yn yr ardal ers yr unfed ganrif ar bymtheg. Defnyddid siarcol yn danwydd am nad oedd neb bryd hynny wedi dyfeisio dull o ddefnyddio glo'n danwydd heb iddo ddifetha'r haearn. Er bod cerddi cyfoes fel "Coed Glyn Cynon" yn gresynu at golli coed i'r diwydiant newydd a'i feistri Seisnig, gall effaith diwydiant ar y dirwedd leol fod wedi'i gorliwio am ei bod hi'n debygol y câi'r coetiroedd eu trin a'u rheoli'n ofalus iddynt allu dal i gynhyrchu coed am gyfnod maith. Ym Mhont-y-pŵl ym 1578, prynodd Richard Hanbury waith haearn bach er mwyn defnyddio dull a elwid yn broses 'Osmund' i gynhyrchu haearn. Ym 1700, yno y codwyd y felin rolio gyntaf yn y byd i gael ei gyrru gan ddŵr, a bu honno'n fodd i gynhyrchu haearn plât o safon yn rhad. Erbyn canol y ddeunawfed ganrif, ac yn sgil datblygu platio tun, Gwaith Haearn Pont-y-pŵl oedd un o'r pwysicaf yn Ewrop. Cangen bwysig o'r broses oedd datblygu japanio,

CHAPTER 5
Industrial Archaeology

Early Industry

As we have seen, Edmund Jones gives us a vivid picture of an overwhelmingly rural population eking out a living in their remote farms and hamlets in the uplands of Blaenau Gwent. However, even as early as 1779, the coal pits and ironworks were beginning to develop and were already having a damaging effect on the local environment. This is what Edmund Jones has to say about the condition of the Ebbw Fawr river:

> Higher up, the water is not very clear, being often troubled with the Pond waters scouring the Coal works; which is also unfriendly to the Fishes, and makes them more scarce. (Jones 1779: 19)

Small iron furnaces had certainly existed in the area since the sixteenth century. Charcoal was the fuel used – a method for using coal as a fuel without ruining the iron had not yet been devised. Contemporary poems such as "Coed Glyn Cynon" bewail the loss of woodland to the new industry and its English masters. However, in order to sustain production over many years, it seems likely that the woodlands would have been carefully managed and conserved, so the impact of industry on the local landscape may have been overstated. At Pontypool in 1578, Richard Hanbury acquired a small existing ironworks for the production of iron using the so-called 'Osmund' process. In 1700, the site saw the construction of the world's first water-powered rolling mill, enabling the production of cheap, high-quality plate iron. By the mid-eighteenth century, with the development of tin-plating, the Pontypool Ironworks became one of the most

sef proses lacro a fu'n fodd i Bont-y-pŵl gynhyrchu llestri japaneaidd ac efelychu, mewn metel, waith lacro cain o Japan. Fe'u cynhyrchwyd o 1730 tan 1820 yma a hefyd ym Mrynbuga (AIA, 2003: 44).

Teulu Hanbury fu hefyd yn gyfrifol am sefydlu Ffwrnais Llanelli yng Nghlydach yn yr ail ganrif ar bymtheg. Yn sicr, yr hi wrthi'n cynhyrchu erbyn 1684 ac erbyn 1704 fe gynhyrchai 300 tunnell o haearn y flwyddyn. Bryd hynny, gweithgarwch tymhorol iawn oedd cynhyrchu haearn. Câi'r deunyddiau crai eu paratoi a'u casglu yn ystod y gwanwyn a'r haf pan oedd y ffyrdd yn sych a hwylus a chynhyrchid yr haearn rhwng Medi ac Ionawr am fod

important in Europe. An important off-shoot of this process was the development of japanning. This was a lacquering process that allowed the production of Pontypool Japanware – an emulation in metal of fine Japanese lacquer work. Production lasted from 1730 to 1820 and was also carried out at Usk (AIA 2003: 44).

The Hanbury family was also responsible for the establishment of Llanelly Furnace at Clydach in the seventeenth century. It was certainly in production by 1684 and, by 1704, was producing 300 tons of iron per year. At this period, iron-making was very much a seasonal activity – raw materials were prepared and gathered during the spring and summer when the roads were dry and passable and the iron was produced between September and January when there was ample water to drive bellows for the furnaces (van Laun 2008: 56–7).

Another of these early furnaces was Pont Gwaith yr Haearn, some two miles south of Tredegar. It was originally established in the time of Elizabeth I and then reopened early in the eighteenth century. In his essay on the history of Tredegar, published in 1868, Eiddil Gwent includes much useful information. The works were rebuilt by "Cymry o Ffrainc" ("Welshmen from France", i.e. Bretons) in about 1738 or 1739. The furnace was powered by charcoal and the new owners seem to have returned to

Ffigur 59: *Llestr Japaneaidd o Bont-y-pŵl. Pot coffi addurnedig o eiddo teulu Thomas Allgood. Wrth i Allgood fynd ati, tua diwedd yr ail ganrif ar bymtheg, i chwilio am haeniad a rwystrai haearn rhag cyrydu, fe ddatblygodd rysáit ar gyfer haeniad a fyddai, o'i roi ar fetel a'i dwymo, yn troi'n ddu ac yn hynod galed a hirhoedlog.* (Amgueddfa Cymru DA003035)

Figure 59: *Pontypool Japanware. Decorated coffee pot from the family of Thomas Allgood. In searching for a corrosion-resistant coating for iron in the late seventeenth century, Allgood developed a recipe for a coating which, when applied to metal and heated, turned black and was extremely tough and durable.* (National Museum of Wales DA003035)

digon o ddŵr i'w gael i yrru meginau'r ffwrneisiau (van Laun, 2008: 56–7).

Un arall o'r ffwrneisiau cynnar hynny oedd Pont Gwaith yr Haearn, ryw ddwy filltir i'r de o Dredegar. Fe'i sefydlwyd yn oes Elizabeth I yn wreiddiol ac yna'i hailagor yn gynnar yn y ddeunawfed ganrif. Yn ei draethawd ar hanes Tredegar, a gyhoeddwyd ym 1868, cynhwysodd Eiddil Gwent lawer o wybodaeth ddefnyddiol amdani. Ailgodwyd y gwaith gan "Gymry o Ffrainc" (h.y. Llydäwyr) tua 1738 neu 1739. Siarcol a ddefnyddid yn y ffwrnais ac mae'n debyg i'r perchnogion newydd ddychwelyd i Ffrainc tua 1748 gan fynd â rhai o'u gweithwyr o Gymru gyda hwy (Morris, 1868: 20–24).

Y Chwyldro Diwydiannol
Haearn a gwneud haearn

Yn sgil darganfod bod troi glo'n olosg yn cynhyrchu tanwydd addas ar gyfer gwneud haearn, gwelwyd twf enfawr yn y diwydiant haearn ar draws Blaenau'r Cymoedd. Rhwng 1779 a 1839, trawsnewidiwyd tirwedd, poblogaeth a ffordd o fyw blaenau Gwent yn llwyr. Am fod y prif ddefnyddiau crai (mwyn haearn, carreg galch a glo) wrth law'n hwylus, sefydlwyd gweithfeydd haearn yn Sirhywi (1778), Cendl (1779), Blaenafon (1789), Glynebwy (1791), Clydach (1793), Nant-y-glo (1794), Tredegar (1800), Rhymni (1800), Glyn Nant-y-glo (1818), Blaenau (1823), Gwaith Haearn Bute (1825), Victoria (1836) a Chwm Celyn (1839). Erbyn 1841, y gornel fach hon o Gymru oedd y rhanbarth mwyaf diwydiannol yn y byd. O fewn ychydig flynyddoedd, tyrrai pobl yn eu miloedd i sicrhau gwaith yn y diwydiant newydd a chynyddodd y boblogaeth leol yn aruthrol.

France in about 1748, taking some of their Welsh workers with them (Morris 1868: 20–24).

The Industrial Revolution
Iron and ironworking

With the discovery that turning coal into coke produced a suitable fuel for iron-making came a massive growth in the iron industry across the Heads of the Valleys. Between 1779 and 1839, the landscape, population and way of life of the Gwent uplands were transformed beyond recognition. Drawn by ready access to the main raw materials (namely iron ore, limestone and coal), ironworks were established at Sirhowy (1778), Beaufort (1779), Blaenavon (1789), Ebbw Vale (1791), Clydach (1793), Nantyglo (1794), Tredegar (1800), Rhymney (1800), Coalbrookvale (1818), Blaina (1823), Bute Ironworks (1825), Victoria (1836) and Cwm Celyn (1839). By 1841, this small corner of Wales was the most heavily industrialised region in the world. Within a few years, people flocked in their thousands to secure employment in the new industry and the local population exploded.

Ffigur 60: *Blaenafon. Hen byllau mwyn haearn ym Mhyllau Coety, Big Pit.* (GTJ30143, NPRN 67545)

Figure 60: *Blaenavon. Old iron-stone workings in the Coity Pits, Big Pit.* (GTJ30143, NPRN 67545)

EITEM NODWEDD 6 • BOX FEATURE 6

Tirwedd Ddiwydiannol Blaenafon
Blaenavon Industrial Landscape

PETER WAKELIN

Cafodd y dirwedd mwyngloddio a chynhyrchu haearn ym Mlaenafon ym mhen uchaf cwm Afon Lwyd ei chreu yn ystod blynyddoedd ffurfiannol y Chwyldro Diwydiannol – y ddeunawfed ganrif a'r ganrif ddilynol – a hi yw un o'r enghreifftiau gwychaf o'i bath yn y byd. Mae'n adlewyrchu datblygiad cymdeithas ddiwydiannol gynnar mewn cwm a oedd yn gyforiog o holl hanfodion cynhyrchu haearn, sef carreg galch, glo, clai tân a mwyn haearn. Er mai ar raddfa fach y cloddiwyd y mwyn haearn o ddiwedd yr ail ganrif ar bymtheg ymlaen, ni ddaeth y prif hwb i ddatblygu'r diwydiant yn fasnachol, a chodi tai, tan ar ôl i waith haearn Blaenafon agor tua 1789.

Yr oedd y gwaith haearn yn nodedig am iddo ddefnyddio'r dechnoleg a'r drefn ddiwydiannol ddiweddaraf a'u cymhwyso ar raddfa fawr iawn at y cyfoeth enfawr o fwynau a geid yn y de. Fe'i codwyd o'r cychwyn cyntaf â thair ffwrnais chwyth a losgai olosg i gynhyrchu ager, a chyn hir hwn oedd y gwaith haearn mwyaf yn y byd. Cynhyrchid 5,400 o dunelli o haearn y flwyddyn yno erbyn 1796 ac ychwanegwyd tair ffwrnais arall ato yn y ganrif ddilynol. Magodd Blaenafon gryn bwys am i arbrofion Gilchrist Thomas esgor ym 1878 ar broses sylfaenol Bessemer neu Thomas lle'r oedd modd defnyddio llawer o haearn bwrw – a wnaed o fwynau ffosffor – i wneud dur ar raddfa fawr. Cafodd y datblygiadau hynny effaith ar y byd i gyd.

Mae gweddillion y ffwrneisi o ddiwedd y ddeunawfed ganrif a diwedd y ganrif ddilynol ymysg y rhai sydd wedi'u cadw orau ym Mhrydain. Ochr yn ochr mae un o'r todd-dai gwreiddiol a ffowndri, ac uwch eu pennau mae amrywiol adfeilion yr odynau lle câi'r mwyn

The mining and ironworking landscape of Blaenavon, located around the headwaters of the Afon Lwyd, was created by mining and ironmaking in the eighteenth and nineteenth centuries, during the formative years of the Industrial Revolution, and is one of the finest examples of its kind in the world. It reflects the development of early industrial society. The area was richly endowed with all the essentials for ironmaking – limestone, coal, fireclay and ironstone. Although iron ore was extracted on a small scale from the late seventeenth century, the main impetus for commercial development and settlement only began after Blaenavon ironworks opened in about 1789.

The ironworks was notable for using the latest technology and industrial organisation and applying them on a grand scale to the vast mineral resources of south Wales. It was built from the start with three coke-fired blast furnaces operated with steam power, quickly becoming one of the largest ironworks in the world. It produced 5,400 tons of iron a year by 1796, before expanding with the addition of three more furnaces in the nineteenth century. Blaenavon became important for experiments by Gilchrist Thomas, which in 1878 resulted in the Basic Bessemer or Thomas process, allowing the use in bulk steelmaking of cast iron made from phosphoric ores. These developments had worldwide repercussions.

The remains of furnaces from the late eighteenth and late nineteenth centuries are among the best preserved in Britain. Alongside are one of the original casting houses and a foundry, and above them is a range of ruined kilns in which iron ore was calcined or

Archaeoleg Ddiwydiannol • Industrial Archaeology

Ffigur 61: *Big Pit, Blaenafon. Llun o fframwaith offer weindio ac adeiladau cysylltiedig y pwll glo. Prin yw'r pyllau glo sydd wedi'u cadw.* (DI2006_0272, NPRN 223676)

Figure 61: *Big Pit, Blaenavon. View of the headframe and associated buildings of this rare preserved colliery.* (DI2006_0272, NPRN 223676)

haearn ei galchynnu neu ei rostio. Nodwedd amlwg iawn yw'r tŵr dŵr cytbwys o 1839 i godi llond tramiau o lo i fwydo'r ffwrneisi a haearn crai i'w gludo i'r efail yng Ngarn Ddyrys gerllaw a'i yrru i Gamlas Aberhonddu a'r Fenni yn Llan-ffwyst. Ceir yno hefyd weddillion peiriandai, simneiau, muriau cynnal ac adeiladau ategol. Mae rhai o dai gwreiddiol y gweithwyr ar y safle wedi'u hadfer. Y tu hwnt i'r gweithfeydd, fe geir ar y gweundir weddillion helaeth cwarrau, siafftiau a thomenni mwyngloddiau, gweithfeydd glo brig, nodweddion i reoli llif y dŵr, a llwybrau'r tramffyrdd. Codwyd ambell adeilad allweddol yn fan cychwyn i Flaenafon tua 1800 cyn i'r lle dyfu'n dref ar ôl 1830, ac mae elfennau preswyl, cymdeithasol, masnachol a chrefyddol tirwedd ddiwydiannol fawr a chydgysylltiedig yno o hyd.

O ddechrau'r ugeinfed ganrif ymlaen, dirywio wnaeth cynhyrchu dur yno, a daeth i ben ym 1938 wrth i'r pwyslais symud at gynhyrchu glo i'w allforio. Suddwyd Big Pit i'w ddyfnder presennol ym 1880 ond cynhwyswyd ynddo siafftiau a thwneli cynharach o lawer. Cafodd ei ehangu'n ddiweddarach a'i ehangu eto ar ôl y gwladoli ym 1947, ond gostwng wnâi nifer y swyddi yn y fro ac fe gaeodd Big Pit ym 1980 ac yna ailagor yn amgueddfa ym 1983.

Y dirywiad hwnnw a'r diffyg datblygu diweddarach ar ei safle yn y blaenau a sicrhaodd fod y dirwedd hon o wneuthuriad dyn wedi goroesi'n rhyfeddol. Am fwy na chanrif a hanner bu pyllau glo a gweithfeydd haearn y Cymoedd o bwys rhyngwladol. Mae Blaenafon – a arysgrifwyd yn Safle Treftadaeth Byd yn 2000 – yn amlygu goruchafiaeth de Cymru ym maes cynhyrchu haearn, dur a glo ar ddechrau'r bedwaredd ganrif ar bymtheg.

Rhan o Amgueddfa Cymru yw Big Pit a Cadw sy'n gofalu am y Gwaith Haearn. Yn hen ysgol y gwaith hwnnw y mae'r Ganolfan Treftadaeth Byd.

roasted. A dominant feature is a water balance tower of 1839 for hoisting tramloads of coal to feed the furnaces and pig iron for transport to the forge at nearby Garn Ddyrus and export to the Brecon and Abergavenny Canal at Llanfoist. There are also remains of engine houses, chimneys, retaining walls and ancillary buildings. Some of the original on-site workers' housing has been restored. Beyond the works, the surrounding moorland contains extensive remains of quarries, mine shafts and tips, opencast workings, water-control features and tramroad formations. The town of Blaenavon itself, which began with a few key buildings in around 1800 and grew up as a settlement after 1830, preserves the residential, social, commercial and religious elements of a large, interconnected industrial landscape.

From the start of the twentieth century steel production declined, ending in 1938, as the emphasis shifted to coal production for export. Big Pit was sunk to its present depth in 1880 but incorporated much earlier shafts and tunnels. It was later enlarged, and after nationalisation in 1947 it was further expanded. Nevertheless, employment in the area was falling and Big Pit closed in 1980 before reopening as a museum in 1983.

The marginalisation of the area that accompanied its decline, the lack of later development, and its upland setting, all led to the remarkable survival of this man-made landscape. For more than 150 years the collieries and ironworks in the Valleys were of international importance. Blaenavon – inscribed as a World Heritage Site in 2000 – demonstrates the pre-eminence of south Wales in the production of iron, steel and coal in the early nineteenth century.

Big Pit is part of the National Museum Wales, the Ironworks is conserved by Cadw, and the World Heritage Centre is sited in the former works school.

Ffigur 62: *Glowyr yn iard goed Big Pit, Blaenafon.* (GTJ30125, NPRN 232678, melin lifio)

Figure 62: *Miners in the timber yard, Big Pit, Blaenavon.* (GTJ30125, NPRN 232678, sawmill)

Ffigur 63: *Gwaith Haearn Sirhywi, Tredegar. Fe'i sefydlwyd gyntaf ym 1778, ac o 1818 ymlaen fe gyflenwai haearn crai i Waith Haearn Glynebwy. Erbyn 1844 yr oedd yma bum ffwrnais ond am i'r holl haearn a gastiwyd yno fod yn fwy nag y gellid ei gynnwys yn y tai bwrw, fe'u dymchwelwyd yn rhannol. Daeth y broses o wneud haearn i ben yma tua 1883 ond daliwyd i gynhyrchu golosg ar gyfer Glynebwy tan i'r safle hwn gau'n derfynol ym 1905. Ymhlith y prif weddillion mae tri bwa cerrig y llwyfannau bwydo, sylfaen ffwrnais, twnnel cyflenwi olwyn ddŵr, ac amrywiol wrthgloddiau.* (AP_2014_4910, NPRN 34141)

Figure 63: *Sirhowy Ironworks, Tredegar. First established in 1778, from 1818 Sirhowy supplied Ebbw Vale Ironworks with pig iron. By 1844 there were five furnaces but the amount of iron cast was more than could be contained in the cast houses so they were partly demolished. Ironmaking ceased here about 1883 but coke production for Ebbw Vale continued before the site finally closed in 1905. The principal remains include three masonry charging platform arches, the base of a furnace, waterwheel supply tunnel and various earthworks.* (AP_2014_4910, NPRN 34141)

As a consequence, south-east Wales boasts some of the most important industrial archaeology in the world. The Blaenavon World Heritage site represents one of the best preserved industrial landscapes in the world (see Box Feature 6). The wonderfully preserved remains of Blaenavon Ironworks are justly famous, but other sites offer rewarding places to visit. Sirhowy Ironworks is open to the public and Clydach Ironworks must occupy one of the most picturesque sites in the world of industrial archaeology.

One of the few other Gwent ironworks with remains *in situ*, the British Ironworks near Pontypool, operated from 1827 to 1883 and was originally built to the design of Decimus Burton. There were four blast furnaces, of which only the bases survive. The office block, roofless but nonetheless impressive, survives, as does the beam engine house of the British Ironworks Colliery built in 1845. The site is approached through 'Big Arch', an impressive 46 metres (50 yards) long, 14.5 metres (48 feet) wide tunnel beneath the Monmouthshire Railway and Canal Company embankment of 1879.

The total destruction of the majority of the

Figure 64: *The scale of the charging platform arches at Sirhowy Ironworks can be better appreciated in this ground view.* (Frank Olding)

dymchwel yn llwyr, ond efallai mai'r drasiedi fwyaf oedd colli Gwaith Haearn Bute, a godwyd gan Ardalydd Bute ym mhen uchaf cwm Rhymni ym 1825. Fe'i cynlluniwyd gan John MacCulloch mewn arddull Eifftaidd a addaswyd o adfeilion Dendera yn yr Aifft Uchaf. Arddangoswyd lluniadau pin ac inc o'r cynllun yn Arddangosfeydd yr Academi Frenhinol yn haf 1827 a haf 1828. Ymhlith nodweddion eraill, dangosai'r lluniadau "Engine blast house and regulators" a gall hynny'n hawdd gyfeirio at y sffêr a osodwyd ar y podiwm yn yr arddull Eifftaidd a bortreadwyd mor wych mewn peintiad gan John Petherick tua 1830. Dynwaredai un o'r peiriandai deml Eifftaidd, a pheth digon anghydnaws oedd peri i un simnai edrych fel minarét.

Codwyd y Drenewydd gerllaw i gynnig cartrefi i'r gweithwyr haearn, a hynny yn yr arddull glasurol ac i safon uchel. Mae'n debyg i'r cynllun gael ei seilio ar gynlluniau James Adams ar gyfer pentref yn Lowther yn Cumbria ym 1765. Gan mai'r bwriad gwreiddiol oedd iddo fod yn batrwm o bentref mwy o faint, gosodwyd

Ffigur 65: *Tŷ pwmpio Gwaith Haearn y British Ironworks. Sefydlwyd y gwaith hwnnw ym 1827 a rhedwyd sawl pwll glo gerllaw hefyd. Gosodwyd cwt yr injan drawst Cornish ynddo ym 1845 i helpu i ddraenio dŵr o'r lefelau dwfn. Safai o fewn casgliad o adeiladau y datgymalwyd y mwyafrif ohonynt yn y 1880au wedi i'r gwaith haearn gael ei gau ym 1883.* (WMPT13_004, NPRN 85082)

Figure 65: *British Ironworks pumping house. The British Ironworks was established in 1827 and operated several coal mines nearby. This Cornish beam pumping engine house was installed in 1845 to assist drainage from deep levels. It stood within a complex of buildings most of which were dismantled in the 1880s following closure of the ironworks in 1883.* (WMPT13_004, NPRN 85082)

ironworks sites themselves can only be lamented, but perhaps the greatest tragedy was the loss of the Bute Ironworks built by the Marquis of Bute at the head of the Rhymney valley in 1825. The works were designed by John MacCulloch in an Egyptian style adapted from the ruins of Dendera in Upper Egypt. Pen and ink drawings were exhibited at the Royal Academy Summer Exhibitions of 1827 and 1828. Among other features, the entry showed "Engine blast house and regulators" which might well refer to the sphere placed on the Egyptian-style podium spectacularly portrayed in a painting by John Petherick in about 1830. One of the engine houses mimicked an Egyptian temple with a chimney disguised as a rather incongruous minaret.

Bute Town was built nearby to house the ironworkers. The settlement was constructed to a high standard in a classical style. The plan was probably based on James Adams' planned village at Lowther in Cumbria of 1765. It was originally conceived as a larger model village and the

sylfeini pedwaredd res iddo tua'r de. Ond wrth i weithio haearn ddod i ben ni ellid cyfiawnhau codi'r rhes honno. Ym 1838 y Drenewydd (*New Town*) oedd enw'r anheddiad, ac ni ddechreuwyd ei alw'n Bute Town yn Saesneg tan yn ddiweddarach.

foundations of a fourth row were laid to the south, but the exhaustion of the iron-workings did not justify further development. In 1838, the settlement was called New Town (it is still called *Drenewydd* in Welsh); only later did it become known as Bute Town.

Ffigur 66: *Y Drenewydd. Cynlluniwyd y datblygiad tai hwn ar ffurf grid ac iddo dair rhes o 16 o dai'r un ynghyd â stryd ganolog lydan. Y bwriad oedd rhoi digon o le a gofod i hybu iechyd da. Mae'r rhesi'n gymesur ac yn dilyn cynllun "Paladaidd" ffurfiol y Dadeni Dysg. Ceir bloc trillawr ar ganol pob teras. Diwedd gweithio haearn a ddifethodd y cynllun i ehangu'r lle.* (AP_2014_3111, NPRN 18180)

Figure 66: *Bute Town. This housing development was designed as a grid with three rows of 16 houses with a wide central street, the space and location intended to foster good health. The rows are symmetrical and have a formal Renaissance "Palladian" design with a three-storey block at the centre of each terrace. Plans for expansion were halted by the exhaustion of the iron-workings.* (AP_2014_3111, NPRN 18180)

Carreg galch

Cyn hir, ymledodd diwydiannau eraill, yn ogystal â'r gweithfeydd haearn, ar draws y cymoedd hyn i gyflenwi defnyddiau crai. Datblygwyd cwarrau carreg galch ar hyd ymyl ogleddol y fro mewn mannau fel Trefil (1794), Darren Disgwylfa – a elwid hefyd yn Garreg Bica (1816) – a Llangatwg (1829). Efallai mai'r rhai sydd fwyaf annisgwyl i'r ymwelydd heddiw yw'r gweddillion helaeth ar Fynydd Llangatwg, uwchlaw pentref Llangatwg. Yma, mae'r cwarrau carreg galch yn rhedeg am ryw 3 milltir (5 cilometr) ar hyd sgarp gogleddol y mynydd mor uchel â 304–396 metr (1,100–1,300 o droedfeddi) uwchlaw lefel y môr. Drwy gyfuno archaeoleg maes ac astudio dogfennau, mae ymchwil fanwl John van Laun wedi bod yn fodd i ddyddio'r cwarrau'n fanwl a nodi trefn eu hagor (van Laun, 2001: 119). Yma, dechreuodd y datblygu tua 1799 yn sgil agor Camlas Brycheiniog a'r Fenni, ond o 1815 ymlaen aeth Cwmni Cychod Aberhonddu ati o ddifrif i ddechrau gweithio'r cwarrau. Ar lawr y cwm ym 1816 adeiladwyd tramffordd a gysylltai'r cwarrau â'r gamlas. Y syndod yw i'r garreg galch gael ei rholio i lawr cafn 200 metr o hyd (a elwid yn 'Chute') i'r dramffordd islaw.

Ym 1829, cymerodd y brodyr Bailey, meistri Gwaith Haearn Nant-y-glo, brydles ar y cwarrau ac adeiladu tramffordd newydd a ddilynai'r gyfuchlin 396 metr (1300 troedfedd) am fwy na 7 cilometr yn ôl i weithfeydd haearn Nant-y-glo (AIA, 2003: 42). Fe godon nhw hefyd inclein dwbl yn lle'r 'Chute' dychrynllyd (van Laun, 2001: 119). Buont yn gweithio'r cwarrau tan 1875. Rhwng 1816 a 1829, cawsant eu carreg galch o gyfres o gwarrau ger Carreg Bica lle mae golygfeydd godidog dros Ddyffryn Wysg. Dim ond wedi i'r garreg galch yno ddod i ben yr aethant ati i gymryd y brydles yn Llangatwg (ibid: 87–91).

Limestone

As well as the ironworks themselves, other industries soon spread across these valleys in order to supply raw materials. Limestone quarries developed along the northern ridge of the area at places like Trefil (1794), Darren Disgwylfa, also known as the Lonely Shepherd (1816), and at Llangattock (1829). Perhaps the most unexpected to the modern visitor are the extensive remains on Mynydd Llangatwg, above Llangattock village. Here, limestone quarries run for about 3 miles (5 kilometres) along the north-facing escarpment of the mountain at a dizzying height of between 304 metres (1,100 feet) to 396 metres (1,300 feet) above sea level. Detailed research by John van Laun combining field archaeology with documentary studies has enabled the quarries to be closely dated and sequenced (van Laun 2001: 119). Development began here in about 1799 with the opening of the Brecknock & Abergavenny Canal, though the quarries were first worked seriously by the Brecon Boat Company from 1815 onwards. A tramroad linking the quarries to the canal was built in the bottom of the valley in 1816. Amazingly, limestone was literally rolled down a 200 metre gulley (known as the 'Chute') to the tramroad below.

In 1829, the Bailey brothers – the masters of the Nantyglo Ironworks – took out a lease on the quarries and built a new tramroad following the 396 metres (1300 feet) contour for over 7 kilometres back to Nantyglo ironworks (AIA 2003: 42). They also built a double incline to replace the infamous Chute (van Laun 2001: 119). They continued to work the quarries until 1875. Between 1816 and 1829, the Baileys had obtained their limestone from the complex of quarries surrounding the Lonely Shepherd with its spectacular views over the Usk valley. It was the exhaustion of the useable limestone here that led them to take out the lease at Llangattock (ibid.: 87–91).

Ffigur 67: *Cwarrau carreg galch ar hyd ymylon sgarp serth Darren Ciliau ger Llangatwg.* (AP_2008_2662, NPRN 306343)

Figure 67: *Limestone quarries fringing the precipitous escarpment of Darren Ciliau near Llangattock, or Llangatwg, quarries.* (AP_2008_2662, NPRN 306343)

Cynhyrchu glo a haearn

Defnyddiwyd amryw ffurfiau ar fwyngloddio i gynhyrchu glo a haearn. Yn y dyddiau cynnar ac, yn wir, am ganrifoedd cyn y Chwyldro Diwydiannol, câi glo ei gloddio oddi ar wyneb y ddaear, yn enwedig ar hyd ymyl ogleddol y maes glo. Yr enw lleol ar y math hwnnw o fwyngloddio oedd 'patshio' ac enwid pob 'patsh' yn ôl y dyn a'i gweithiai – 'Patsh Defi Siôn' ac yn y blaen. Yn

Coal and iron extraction

Coal and iron were won through various forms of mining. In the early days, and indeed for centuries before the Industrial Revolution, coal was dug straight from the surface, especially along the northern rim of the coalfield. The local name for this style of mining was 'patching' and each patch was named for the man who worked it – 'Patch Defi Siôn' (David Jones' Patch) and so on. Later, deeper

Ffigur 68: *Gweithio glo brig a mwyn haearn yn helaeth ar Derasau Clydach, a elwid yn lleol yn "Patshys Bryn-mawr", uwchlaw Ffordd Blaenau'r Cymoedd i'r gogledd o Fryn-mawr.* (AP_2014_4900, NPRN 305771)

Figure 68: *Extensive opencast ironstone and coal workings on Clydach Terraces, known locally as the Brynmawr Patches, above the Heads of the Valleys road north of Brynmawr.* (AP_2014_4900, NPRN 305771)

Archaeoleg Ddiwydiannol • Industrial Archaeology

ddiweddarach, suddwyd pyllau bas ar ffurf cloch. Defnyddid wins neu 'chwimsi', a yrrid gan geffyl, i fynd â'r dynion i lawr ac i godi'r mwynau gwerthfawr i'r wyneb. Dyna darddiad enw pentref Winchestown ger Nant-y-glo. Erbyn 1779 yr oedd pyllau glo bas o'r fath eisoes ar waith i

workings were made by sinking shallow bell pits. A horse-driven winch or 'whim' was used to take men down and bring the precious minerals to the surface. This is the origin of the name of the village of Winchestown near Nantyglo. Such shallow coal pits were already in use by 1779 to

Ffigur 69: *Tomenni a sgwriadau hanesyddol y gweithfeydd haearn ar weundir agored Pen-ffordd-goch uwchlaw Blaenafon. Bellach, mae'r dirwedd wedi'i diogelu'n heneb gofrestredig o fewn y dirwedd Treftadaeth Byd.* (DI2006_0007, NPRN 308295)

Figure 69: *Historic ironworking tips and scours on the open moorland of Pen-ffordd-goch, above Blaenavon. The landscape is now preserved as a scheduled ancient monument within the World Heritage landscape.* (DI2006_0007, NPRN 308295)

fodloni anghenion pobl leol a châi'r glo ohonynt hefyd ei werthu mewn trefi marchnad cyfagos fel y Fenni ac Aberhonddu.

Er hynny, golygodd twf y diwydiant haearn fod angen sicrhau mwy a mwy o lo a haearn ac fe ddyfeisiwyd dulliau eraill a mwy effeithiol. Os oedd yr haenau o lo'n weddol agos at yr wyneb, defnyddid dŵr i glirio'r pridd a'r gorlwyth a oedd drosto. Codwyd argaeau ar nentydd bach i greu 'pownd' digon mawr o ddŵr. Yna, câi'r dŵr ei ryddhau i sgwrio'r tyweirch, y pridd a'r gro oddi ar y glo neu'r mwyn haearn fel bod modd ei gloddio â llaw. Yr enwau lleol ar y math hwnnw o fwyngloddio oedd rasio a sgwrio, a dyna darddiad enwau pentrefi Rasa ger Cendl a Scwrfa yn Sirhywi. Bydd rasio a sgwrio'n gadael nodwedd archaeolegol bendant yn y dirwedd, a honno fel rheol yn geunant mawr dolennog ac ynddo nant druenus o fach yn treiglo ar draws ei waelod. Ceir llawer o enghreifftiau gwych o hynny ym mlaenau Gwent. Yn y Ras Uchaf ger Pont-y-pŵl ceir darn helaeth o dir lle defnyddiwyd y dull hwnnw i gloddio'r mwyn haearn, ac uwchlaw iddo ceir sianeli a phylliau dŵr mewn cyflwr da.

Dull arall o gloddio am lo a mwyn haearn oedd gyrru lefel, neu agor cloddfa ddrifft, i ochr y bryn gan ddilyn yr haen o fwyn gwerthfawr i mewn i'r bryn hwnnw. Codai'r lefel ychydig wrth fynd yn ddyfnach er mwyn i ddŵr ac ati lifo ohoni. Cloddiwyd hefyd fwyngloddiau dyfnach na'r rhai cynnar ar ffurf debyg i gloch, a datblygwyd amrywiol fathau o offer weindio i'r dynion gael mynd i lawr ac i'r glo ddod i fyny. Maes o law, dechreuwyd defnyddio peiriannau trawst. Ym Mhwll Glo Glyn Pits ger Pont-y-pŵl ceir olion rhyfeddol dau beiriandy – a'r peiriannau'n dal ynddynt. Ar y peiriandy cynharaf ceir y dyddiad 1845 ac ynddo mae peiriant trawst a wnaed, mae'n debyg, gan waith haearn Abaty Nedd. I bob golwg, defnyddiwyd y peiriant yn wreiddiol i bwmpio a weindio ac mae ef bron yn gyflawn. Codwyd y peiriandy arall rhwng 1859 a 1865 (AIA, 2003: 45) ac ynddo mae peiriant weindio fertigol o fath adeilad tŷ, sef bod y peiriant wedi'i ymgorffori yn yr adeiladwaith fel uned. Mae 'Patshys Bryn-mawr' (a elwir hefyd yn Derasau Clydach) yn enghreifftiau gwych o'r amrywiaeth

supply the needs of local people and also to be sold in nearby market towns like Abergavenny and Brecon.

However, the growth of the iron industry saw the need to secure larger and larger quantities of coal and iron and other, more efficient methods were devised. Where the seams lay relatively close to the surface, water was used to clear the soil and overburden that overlay them. Small streams were dammed to allow a 'pound' of water of sufficient size to gather. The water was then released to scour away the turf, soil and gravel from the coal or iron ore, which could then be dug out manually. The local names for this type of mining were racing or scouring and this gave rise to the Welsh terms 'rhas' and 'sgwrfa' – here again is the origin of the names of the villages of Rhasa near Beaufort and Scwrfa in Sirhowy. Racing and scouring leave distinctive archaeological features in the landscape – a large meandering canyon with a pathetically small stream trickling across the bottom. The Gwent uplands boast many fine examples. At Upper Race, near Pontypool, is a vast area of iron ore mined by this method, also known as 'hushing', with well-preserved water-channels and ponds above it.

Another method of winning coal and iron ore was by driving a level or drift mine into the side of the hill following the seam of precious mineral into the hill, rising slightly as they went. The gentle upward incline allowed the levels to be self-draining. Mines deeper than the early bell-pits were also sunk and various types of headgear were developed to get men down and coal up. Eventually, beam engines were used. At Glyn Pits Colliery near Pontypool, are the remarkable remains of two engine houses, with engines *in situ*. The earlier bears a date of 1845 and contains a beam engine, probably made by the Neath Abbey ironworks. The engine appears to have been used originally for both pumping and winding and is almost complete. The other engine house dates to between 1859 and 1865 (AIA 2003: 45). It contains a vertical winding engine of the house-built type; that is with the engine incorporated into the structure of the building as a single build. The Brynmawr Patches (also known as the Clydach Terraces) offer fine examples of

o ddulliau a ddefnyddiwyd yn niwedd y ddeunawfed ganrif a dechrau'r ganrif ddilynol i godi glo a mwyn haearn ar ymyl ogleddol y maes glo.

the range of methods used in the late eighteenth and early nineteenth centuries for winning coal and iron ore on the northern fringe of the coalfield.

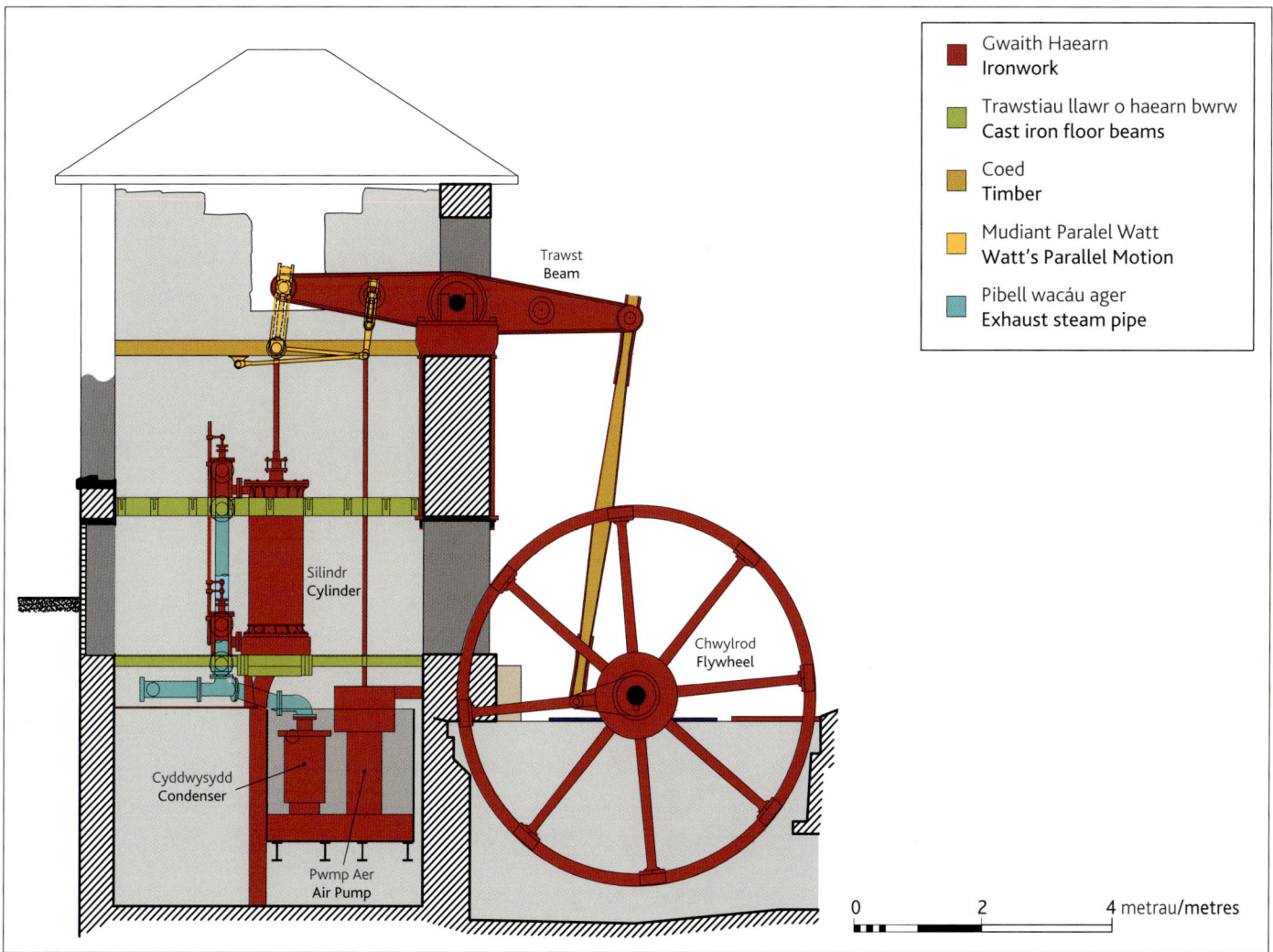

Ffigur 70: *Suddwyd pwll glo Glyn Pits gan Capel Hanbury Leigh i gynhyrchu glo i'w weithfeydd haearn a thunplat ym Mhont-y-pŵl. Dyma un o ddau beiriandy gwych a godwyd ganol y bedwaredd ganrif ar bymtheg. Maent ill dau'n gynnyrch cynlluniau gwaith haearn Abaty Nedd a'r ddau'n dal â'u peiriant ynddynt. Trychiad hir drwy'r adeiladwaith.* (AUG2016_07, NPRN 33566)

Figure 70: *Glyn Pits is a colliery that was sunk by Capel Hanbury Leigh to provide for his Pontypool Iron and Tinplate works. This is one of two fine engine houses, dating from the mid-nineteenth century, both being designs of the Neath Abbey ironworks, and both still containing their engines. Long section through structure.* (AUG2016_07, NPRN 33566)

Datblygu'r cysylltiadau cludiant

Rhaid oedd dyfeisio system i gludo'r holl ddefnyddiau crai hynny i'r gweithfeydd a chludo'r haearn gorffenedig at y cwsmeriaid. Crëwyd rhwydwaith o reilffyrdd cynnar ('platffyrdd' fydd archaeolegwyr yn eu galw fel rheol) er

The developing transport infrastructure

In order to bring all these raw materials to the works and carry the finished iron out to its customers, a transport system had to be devised. A network of early railways (usually known to archaeologists as 'plateways')

Ffigur 71: *Arglawdd tramffordd gynnar yng Nghwar Trefil, a'r sliperi carreg i'w gweld ar ffurf olion crasu.* (AP_2012_2282, NPRNs 306318 & 403799)

Figure 71: *Early tramway embankment in Trefil Quarry, with stone sleepers showing as parchmarks.* (AP_2012_2282, NPRNs 306318 & 403799)

Ffigur 72: *Inclein Cwar y Cwm (neu Gwar Bryn Gilwern). Cysylltid Odynau Calch Clydach, ar ochr ddeheuol Cwm Clydach, ag inclein dwy-lein i Gwar y Cwm (a elwid hefyd yn Cuckoo Quarry) ar dir uwch tua'r gogledd-ddwyrain. Mae'r adluniad hwn yn dangos y peiriant brecio a ddefnyddid i reoli disgyniad y tramiau llwythog. Ar ôl i'w cynnwys gael ei arllwys i'r odynau, câi'r wagenni eu codi drwy ollwng wagen wrthbwyso i redeg i lawr y cledrau cyfochrog.*
(Lluniad gan J. Van Laun. AUG2016_08, NPRNs 260705, 260708 a 260975)

Figure 72: *Cwm Quarry (or Gilwern Hill Quarry) Incline. The kilns of Clydach Lime Works, on the south side of Clydach Gorge, were linked by a two-line incline to Cwm Quarry (also known as Cuckoo Quarry) on higher ground to the north-east. This reconstruction shows the brake-engine used to regulate the descent of loaded trams. Wagons emptied after unloading into the kilns were raised by means of a counterbalance wagon on the line running parallel to it.*
(Drawing by J. Van Laun. AUG2016_08, NPRNs 260705, 260708 & 260975)

Ffigur 73: *Mae Arglawdd Gilwern yn 24 metr (80 troedfedd) o uchder a throsto yr aiff Camlas Brycheiniog a'r Fenni dros Gwm Clydach. Cwblhawyd yr arglawdd, sy'n un o'r rhai mwyaf ar gamlas yng Nghymru, ym 1797. Drwy ben gogleddol yr arglawdd ceir twnnel adran Glangrwyne o Reilffordd Clydach. Mae'r llun yn dangos mynedfa'r twnnel lle mae Afon Clydach yn llifo o dan y gamlas.* (DI2007_1487, NPRN 34371)

Figure 73: *The 24 metre (80 foot) high Gilwern Embankment carries the Brecknock and Abergavenny Canal over the Clydach Gorge. Completed in 1797, it is one of the largest earthworks on a canal in Wales. The north end of the bank is pierced by a tunnel carrying the Glangrwyne section of the Clydach Railroad. This view shows the tunnel entrance channeling the Clydach river beneath the canal.* (DI2007_1487, NPRN 34371)

mwyn i ferlod cydnerth y fro allu tynnu cyfresi o dramiau ar hyd-ddynt. Am na allai'r merlod ddygymod yn dda â'u tynnu ar lethrau – hyd yn oed rai eithaf gwastad – y duedd oedd adeiladu'r tramffyrdd mor wastad â phosibl ar hyd

was laid with journeys of trams (or 'drams' as they are known locally) drawn along them by the sturdy native ponies of the region. The ponies could not cope well with ascending or descending a slope – even relatively gentle

ochrau'r mynyddoedd ac mae llawer ohonynt i'w gweld o hyd yn uchel uwchlaw trefi a phentrefi diwydiannol blaenau Gwent. Yr oedd dau fath o blatffordd, sef tramffordd a rheilffordd. Y prif wahaniaeth rhyngddynt oedd cynllun y cledrau (neu'r 'platiau') a'r olwynion. Ar reilffordd, ceid cledrau solet a sgwâr a chantel ar olwynion y tramiau i'w cadw 'ar y cledrau'. Ar dramffordd, yr oedd y cantel ar y cledrau eu hunain (a oedd felly ar siâp 'L') a'r olwynion yn rhai plaen. Yn y naill achos a'r llall defnyddid blociau mawr o garreg yn sliperi, ond yn achos y rheilffordd defnyddid pìn mawr i gydio'r cledrau wrth y sliperi. Gellir dal i weld blociau a thyllau ynddynt ar hyd llwybrau'r hen reilffyrdd diflanedig.

Datblygwyd rhwydwaith o gamlesi'n gyflym er mwyn anfon y cynnyrch allan i'r byd mawr. Ym 1792 cynlluniodd Thomas Dadford yr Ieuengaf lwybr camlas Brycheiniog a'r Fenni i redeg y 33 milltir o Aberhonddu i Lanfihangel Pont-y-moel. Dechreuwyd gweithio wrth Lanfa Gilwern ym 1797 drwy godi dyfrbont enfawr ar draws Afon Clydach (van Laun, 2008: 65). Erbyn 1799, yr oedd y gamlas wedi cyrraedd Tal-y-bont ac fe gyrhaeddodd Aberhonddu ym 1800. Gan weithio tua'r de o bentref Gilwern, cyrhaeddodd y gamlas Lanfa Gofilon erbyn 1805. Erbyn hynny, cawsai Dadford ei ddisodli gan Thomas Cartwright. Ym 1810, dechreuwyd gweithio yn Llanfihangel Pont-y-moel tua'r gogledd i gyfeiriad Gofilon a chwblhawyd y gamlas ym 1812 (Stevens, 1974: 23). Chwe loc yn unig sydd i'r gamlas mewn 33 milltir.

Adeiladwyd y cyfan o Gamlas Sir Fynwy gan Thomas Dadford yr Ieuengaf rhwng 1792 a 1799. Rhedai'r brif adran ohoni am 11 o filltiroedd o Gasnewydd i Bontnewynydd. O Malpas, rhedai cangen ohoni am 12 milltir i Grymlyn. Yr oedd gan brif adran Camlas Sir Fynwy 41 o lociau ac mae 32 o lociau ar y gangen i Grymlyn, gan gynnwys y Pedwar Loc ar Ddeg sy'n codi 82 o fetrau (268 o droedfeddi) mewn 800 metr (rhyw hanner milltir). Dyna un o'r campau peirianyddol mwyaf ar y gamlas.

slopes – and so the tramroads tended to be built as level as possible along the hillsides following the contours and there many of them may still be seen, high above the industrial settlements of upland Gwent. There were two types of plateway – tramroads and railroads. The principal difference between them was the design of the rails (or 'plates') and the wheels. On a railroad, the rails were solid and square in section with a flange on the tram wheels to keep them 'on the rails'. On a tramroad, the flange was on the rail itself (that was therefore L-shaped in section) and the wheels were plain. In either case, large blocks of stone were used as sleepers, except that in the case of the railroad, a large pin was needed to secure the rail to the sleeper. One can still see holed blocks along the courses of former railroads.

Connections to the wider world were effected via the rapidly developing canal network. The line of the Brecknock & Abergavenny canal was surveyed in 1792 by Thomas Dadford Junior and ran for 33 miles from Brecon to Pontymoel. Work began at Gilwern Wharf in 1797 with the construction of a massive aqueduct across the River Clydach (van Laun 2008: 65). By 1799, the canal had reached Talybont and the line to Brecon was completed in 1800. Working southwards from Gilwern, the canal reached Govilon Wharf in 1805. By this time, Dadford had been replaced by Thomas Cartwright. In 1810, work began at Pontymoel working northwards towards Govilon and the canal was completed in 1812 (Stevens 1974: 23). The canal has only six locks in 33 miles.

The Monmouthshire Canal was built entirely by Thomas Dadford Junior between 1792 and 1799. There was a main line of 11 miles from Newport to Pontnewynydd and a branch of 12 miles to Crumlin, which left the main line at Malpas. The Monmouthshire Canal had 41 locks on the main line and 32 on the Crumlin branch, including the Fourteen Locks, which achieve a rise of 82 metres (268 feet) in 800 metres (about half a mile) and represent one of the great engineering feats on the canal.

Ffigur 74: *Mae'r Pedwar Loc ar Ddeg, a elwir hefyd yn 'Cefn Flight', ar gangen Crymlyn o Gamlas Sir Fynwy yn Nhŷ-du ger Casnewydd. Cwblhawyd y gyfres hon o lociau ym 1799 a dyma un o'r gyfres serthaf o lociau ym Mhrydain. Mae'n cynnwys rhes o byllau ac argloddiau iddynt, powndiau, llifddorau a choredau i reoli'r cyflenwad dŵr ac ni chaiff yr un set o glwydi mo'u rhannu rhwng y lociau unigol. Yn y llun hwn gwelir gweddillion loc ym mhen eithaf y ddyfrffordd bresennol.* (DS2015_136_005, NPRN 421325)

Figure 74: *Fourteen Locks, also known as the Cefn Flight, is located on the Crumlin arm of the Monmouthshire Canal at Rogerstone, near Newport. The flight of locks was completed in 1799 and is one of the steepest rises for a major run in the UK. The run of locks includes a series of embanked ponds, pounds, sluices and weirs to control the water supply, with no set of gates shared between individual locks. This image shows a derelict lock at the limit of the current operational waterway.* (DS2015_136_005, NPRN 421325)

EITEM NODWEDD 7 • BOX FEATURE 7

Tirwedd Ddiwydiannol Cwm Clydach
Clydach Gorge Industrial Landscape

JOHN VAN LAUN

Oherwydd ei briodoleddau naturiol eithriadol, bu Cwm Clydach yn ganolfan ddiwydiannol bwysig hyd yn oed cyn y Chwyldro Diwydiannol, a gellir gweld digonedd o weddillion hanes hir yr ecsbloetio a fu arno. Mae'r cwm o garreg galch yn dirwedd ddramatig ac yn nodwedd ddaearegol ac wrth dorri drwy Faes Glo'r de gan amlygu haen ar ôl haen o lo, mwyn haearn a chlai mae'n cynnig cyfleoedd i echdynnu'r mwynau a'r defnyddiau crai i weithio haearn. Bu Afon Clydach a'i is-nentydd yn ffynhonnell pŵer ar gyfer mecaneiddio, a chafwyd tanwydd o'r coetiroedd lleol i danio'r ffwrneisi. Oherwydd llethrau serth y cwm gellid bwydo'r defnyddiau'n hwylus i lawr i'r odynau a'r ffwrneisi a gawsai eu hadeiladu i mewn i'r llethrau hynny.

Er ei bod hi'n debygol i weithgarwch ddigwydd yma yn yr Oesoedd Canol, yn yr ail ganrif ar bymtheg y dechreuodd yr ecsbloetio mawr. Rywbryd cyn 1684 fe sefydlodd teulu Hanbury o Bont-y-pŵl ffwrnais a gefail Llanelli ar ochr ogleddol y cwm, ac o'r coetir gerllaw y cafwyd y cyflenwadau mawr o siarcol yr oedd eu hangen ar y pryd i wneud haearn. Cyflenwad o ddŵr lleol a yrrai feginau'r ffwrnais. Yn yr efail, câi haearn crai ei drin a'i guro'n haearn gyr gan forthwylion: câi'r morthwylion hefyd eu gyrru gan ddŵr. Llwyddodd menter teulu Hanbury – erbyn 1717 câi 400 tunnell o haearn eu cynhyrchu yno bob blwyddyn – a gwelwyd anheddu a datblygu cyflym ar y cwm.

Erbyn tua diwedd y ddeunawfed ganrif, yr oedd Gwaith Haearn Clydach wedi disodli ffwrnais Llanelli. Cawsai ei sefydlu ar ochr ddeheuol y cwm i ecsbloetio defnyddio golosg yn danwydd ac i ddefnyddio ager i ategu pŵer y dŵr. Er i'r gwaith haearn ddal i gael ei

The exceptional natural attributes of the Clydach Gorge made it an important industrial centre even before the Industrial Revolution and plentiful remains of its long history of exploitation can be seen along its course. A dramatic landscape and geological feature in its own right, the limestone gorge cuts through the South Wales Coalfield exposing layered seams of coal, ironstone and clay, providing opportunities for mineral extraction and the raw materials for ironworking. The river Clydach and its tributary streams were a source of power for mechanisation, local woodlands provided fuel for firing furnaces, and the steep valley slopes meant that kilns and furnaces built into its sides could be charged easily from above.

Although medieval activity here is likely, intensive exploitation began in the seventeenth century when the Hanbury family of Pontypool established the Llanelly furnace and forge on the north side of the valley before 1684. Nearby woodland provided the large quantities of charcoal then needed for making iron, while local water supply powered the furnace bellows. At the forge pig iron was worked and beaten into wrought iron by hammers also powered by water. The success of Hanbury's enterprise – 400 tons of iron were produced annually by 1717 – ensured the rapid settlement and further development of the gorge.

By the late eighteenth century the Llanelly furnace had been superseded by the Clydach Ironworks, on the south side of the valley, established to exploit the use of coke as fuel and the use of steam to supplement water power. Although the works

Archaeoleg Ddiwydiannol • Industrial Archaeology

Ffigur 75: *Gwaith Haearn Clydach o'r awyr.* (AP_2012_2245, NPRN 34030)

Figure 75: *Clydach Ironworks from the air.* (AP_2012_2245, NPRN 34030)

ddefnyddio am ryw 65 mlynedd ac iddo dyfu'n ganolbwynt i weithgarwch yn y cwm, ni fu'n wironeddol lwyddiannus erioed a bu ar werth sawl tro yn ystod ei hanes digon brith. Dirywiodd cynhyrchu haearn yno a dod i ben ym 1861. Oherwydd ffyniant y gweithfeydd mewn mannau gwell ym mlaenau prif gymoedd y de, ni newidiwyd i gynhyrchu dur ond gellir dal i weld gwaelodion y ffwrneisiau a'u tai castio yn ogystal ag olion yr adeiladau ategol.

Serch hynny, daliwyd i gloddio am fwynau yn y cwm. Cawsai carreg galch ei defnyddio'n fflwcs wrth gynhyrchu haearn ond câi hefyd ei chwarela at ddibenion adeiladu a hefyd i'w llosgi mewn odynau i'w defnyddio mewn morter a gwrtaith amaethyddol. Bu'r cloddio am gerrig ffyrdd yn fodd i estyn bywyd diwydiannol y fro tan yn ddiweddar iawn.

O gychwyn cyntaf y cwm fel canolfan ddiwydiannol, bu cludiant a'r cysylltiadau ynddo'n hollbwysig i'w ddatblygiad. Ar un adeg, bu'n rhaid symud cyflenwadau a chynhyrchion trwm ar gefn anifeiliaid pwn, ond erbyn y 1790au câi rheilffyrdd a thramffyrdd eu hadeiladu i gysylltu'r cwarrau a'r mwyngloddiau â'r gweithfeydd ac, ar y cychwyn, tynnid y llwythi arnynt gan geffylau. Adeiladwyd rhwydwaith arbennig o gymhleth o dramffyrdd ac incleiniau eraill i wasanaethu mwyngloddiau penodol. Yn y 1790au hefyd adeiladwyd Camlas Aberhonddu a'r Fenni ar draws y cwm yng Ngilwern, a chwblhawyd y cyfan ohoni erbyn 1812. Cyrhaeddodd y rheilffyrdd yn y 1860au ac, er bod y cledrau wedi'u codi bellach, mae'r hen bantiau, traphontydd a thwneli wedi gadael nodwedd drawiadol iawn ar dirwedd ochr ddeheuol y cwm.

continued in use for about 65 years and became the focus of activity in the gorge, they were never really successful and were offered for sale several times during a chequered history. Ironmaking declined and finally ended in 1861, the transition to steel production never made as better located works at the head of the main South Wales valleys prospered. However, the bases of the furnaces and their casting houses can still be seen as well as traces of ancillary buildings.

Despite this outcome, mineral extraction in the gorge continued. Limestone had been used as a flux in ironmaking but was also quarried for building purposes and was burnt in kilns for use in mortar and agricultural fertiliser. Quarrying for roadstone extended the area's industrial life into very recent times.

From its very beginnings as an industrial centre transport and communications in the gorge were vital to its development. Heavy supplies and products once had to be moved by pack animals but from the 1790s railroads and tramroads, both initially horse-drawn, were being built to link quarries and mines with works. Other tramroads and inclines to serve specific mines were also built giving rise to an especially dense network. Construction of the Brecon & Abergavenny Canal, traversing the gorge at Gilwern, also began in the 1790s and was completed by 1812. Railways arrived in the 1860s and, although now dismantled, the cuttings, viaducts and tunnels needed to negotiate the route have left a spectacular landscape feature along the south side of the valley.

Fire and iron

Although cast iron was an excellent material for some purposes, for most practical applications it had to be turned into wrought iron. This was done in the forge or, to adopt the term of the Welsh-speaking ironworkers themselves, the 'coethdy' or 'finery'. Prior to the Industrial Revolution, the usual method was by repeatedly re-heating and hammering the iron in order to force impurities out of it and so transform cast iron into wrought iron. In Merthyr in 1784 a more efficient method was perfected by a process known as 'puddling'. This method soon became thought of as the 'Welsh method'. The heart of the process was remelting the cast iron in a special furnace and then stirring it with a long pole of steel or green wood so that the impurities were burned out of it. The man responsible for this hellish work was the puddler. When the molten iron was ready for the next stage in the process, it would be formed into a large ball of white-hot, semi-molten metal and then carried over to enormous forge hammers and rolling mills to be rolled into bars or sheets of wrought iron. The old anonymous *triban* records the process:

> *Mi fûm i sbel yn pwdlo*
> *Cyn dechrau gyda'r moldio,*
> *Yn cadw tân i'r injan flast,*
> *A thrin harn cast, a'i lwytho.*

> I had a spell at puddling
> Before starting with the moulding,
> Kept fire for the engine's blast,
> And handled cast for loading.

Of all the forges that once operated across south-east Wales, the only extant remains are those at Garn Ddyrys that served the Blaenavon Ironworks (see Box Feature 6).

The growing labour force

Working conditions were harsh. In addition, workers were only paid once a month or once every six weeks. In

yn hytrach nag arian go-iawn. Ni chaent wario'r tocynnau ond yn y siop a oedd yn eiddo i'r cwmni – y Siop Trwco – lle'r oedd prisiau'r nwyddau yn aml yn uwch a'u hansawdd yn salach. Serch i'r gyntaf o'r deddfau gwrth-drwco gael ei phasio ym 1831, daliwyd i ddefnyddio'r system honno mewn rhai mannau tan y 1870au.

Ar ben hynny i gyd, yr oedd gofyn i fenywod a phlant weithio yn y gweithfeydd haearn a'r mwyngloddiau. Yn ôl Evan Powell (a ysgrifennodd hanes Tredegar ym 1884), gweithiai'r dynion a'r menywod yn gydradd dan ddaear, a byddai'r rhyw deg yn aml yn rhagori ar eu gwŷr fel coliers neu lowyr. Cofiai'n arbennig am fenyw o'r enw Betty Wilkes a weithiai fel 'ail law' i'w gŵr, dyn a oedd yn bwdler yng ngweithfeydd Tredegar. Defnyddiai hi declyn a elwid yn 'doli', tebyg i ordd bren fawr ac iddi ddolen hir o haearn, i helpu i ffurfio pêl o'r haearn tawdd a ddeuai o'r ffwrnais bwdlo (Powell, 1902: 102).

Ym 1841, sefydlwyd Comisiwn Brenhinol i ymchwilio i'r sefyllfa. Gwelwyd bod plant mor ifanc â phump oed yn gweithio dan ddaear am 12 awr y dydd gan agor a chau'r drysau a awyrai'r pyllau. Gweithiai plant yn y gweithfeydd haearn i helpu'r pwdlers a phasio haearn barrau drwy roliau'r efail. Bwydai eraill y ffwrneisiau neu wthio llond ceirt o ludw i'r tomenni gwastraff. Er i ddeddf gael ei phasio ym 1842 i wahardd menywod a phlant rhag gweithio dan ddaear, ni sefydlwyd trefn i'w gweithredu tan y 1850au (van Laun, 2008: 25–26).

Gan i'r trefi diwydiannol dyfu mor gyflym, ac mor ddi-drefn gan amlaf, prin yr ystyriwyd materion fel cyflenwi dŵr glân a gwaredu carthffosiaeth. Byddai clefydau fel

---

Ffigur 76: *Sefydlwyd Eglwys Sant Andrew ar dir agored Mynydd Fochriw, uwchlaw Pen-twyn, a hynny fel ysgol ym 1856. Fe'i hestynnwyd i ffurfio capel cenhadol ym 1863.*
(AP_2014_4928, NPRN 13283)

Figure 76: *St Andrew's Church was established on the open mountain of Mynydd Fochriw, above Pentwyn, as a school in 1856. It was extended to form a mission chapel in 1863.*
(AP_2014_4928, NPRN 13283)

the meantime, of course, they had to live and the workers would draw on their pay in advance – known as 'the draw'. By pay day, it was perfectly possible for an employee actually to be in debt to the company and so tied irrevocably to his employer. The problem was exacerbated by the system known as 'truck' – paying the workers in brass or copper tokens rather than coin of the realm. They could only spend the tokens in the shop owned by the company – the Truck Shop – where prices were often inflated and the goods of poorer quality. Despite the fact that the first of the anti-Truck acts was passed in 1831, the system was still in use in some places until the 1870s.

In addition to all this, women and children were also obliged to work in the ironworks and mines. According to Evan Powell (who wrote a history of Tredegar in 1884) men and women worked underground on equal terms and in many cases the fairer sex often eclipsed their men-folk as colliers or miners. He particularly remembered a woman by the name of Betty Wilkes working as 'second hand' to her husband who was a puddler in Tredegar works. She would assist in forming the molten iron from the puddling furnace into a ball with an implement called a dolly that was similar to a large mallet with a long, iron handle (Powell 1902: 102).

In 1841, a Royal Commission was established to look into the situation. They found that children as young as five were working underground for 12 hours a day closing and opening the air doors that ventilated the pits. Children worked in the ironworks helping the puddlers and passing bar iron through the rolls in the forge. Others charged the furnaces or pushed ash carts to the spoil heaps. Despite the passing of an act in 1842 banning women and children from working underground, there was no system in place to enforce the law until the 1850s (van Laun 2008: 25–26).

The industrial towns grew so rapidly and on the whole so haphazardly that little thought was given to issues such as clean water supplies and sewage. As a consequence, outbreaks of diseases such as typhoid and

Ffigur 77: *Llun o Stack Square o'r gogledd. Fe'i codwyd ar gyfer rhan o weithlu Gwaith Haearn Blaenafon rhwng 1789 a 1792, wedi i hwnnw ddechrau cynhyrchu ym 1789. Mae'n floc ar ffurf 'U', a gelwir y rhes ddeheuol yn Engine Row, sydd â siop drwco yn y gornel dde-orllewinol ohoni. Ei enw gwreiddiol oedd Shop Square ond fe'i newidiwyd pan godwyd stac boeler ar ganol y sgwâr ym 1853.* (DS2010_090_001, NPRN 20853)

Figure 77: *Stack Square, seen here from the north, was built to house part of its workforce between 1789–92, after Blaenavon Ironworks had begun production in 1789. It is a U-shaped block of which the south row is known as Engine Row, with a truck shop at the south-west corner. It was originally known as Shop Square but acquired its more recent name when a boiler stack was built in the middle of the square in 1853.* (DS2010_090_001, NPRN 20853)

Ffigur 78: *Plant ym myd diwydiant: llun o gertiwr '...employed in narrow veins of coal in parts of Monmouthshire'. Gwisgai bechgyn wregys lledr o amgylch eu cyrff i lusgo ceirt neu sgipiau 'on all fours' o'r mannau gweithio i'r brif ffordd. O adroddiad gan Robert Hugh Franks i'r Comisiwn Cyflogaeth Plant, 1842.* ('Adroddiad ymholiad gan y Senedd')

Figure 78: *Children in industry: image of a carter '...employed in narrow veins of coal in parts of Monmouthshire'. Carts or skips were dragged from the workings to the main road via a leather girdle around the body, with the boy dragging 'on all fours'. From a report by Robert Hugh Franks for the Children's Employment Commission 1842.* ('Parliamentary inquiry report')

teiffoid a diffderia'n ymledu fel tân gwyllt drwy'r cymunedau poblog. Y clefyd gwaethaf o lawer oedd colera, 'Brenin y Dychryniadau', ac un o'r mannau yn y de-ddwyrain sy'n cyffroi'r meddyliau dwysaf yw mynwent colera Cefn Golau ar y gweundir llwm i'r gorllewin o Dredegar (gweler Eitem Nodwedd 8).

diphtheria would spread through these densely-packed communities with alarming rapidity. The worst by far was the 'King of Terrors' – cholera – and the Cefn Golau cholera cemetery, on the bleak moorland to the west of Tredegar, is one of the most evocative places in south-east Wales (see Box Feature 8).

EITEM NODWEDD 8 • BOX FEATURE 8

Mynwent Colera Cefn Golau
Cefn Golau Cholera Cemetery

FRANK OLDING

Lladdodd clefydau lu o bobl yn ystod y Chwyldro Diwydiannol. Canlyniad twf cyflym a di-drefn y trefi oedd diffyg glendid a charthffosiaeth wael. Am na wyddai neb eu hachos, ymledai teiffws, teiffoid a difftheria fel tân gwyllt drwy'r cymunedau poblog a chwalu teuluoedd. Y clefyd gwaethaf o lawer oedd colera, 'Brenin y Dychryniadau', ac mae mynwent colera Cefn Golau ar y gweundir llwm uwchlaw Tredegar yn ein hatgoffa'n rymus iawn o'r dinistr a achosodd.

Yma y gorwedd gweddillion daearol o leiaf 260 o'r rhai a fu farw o golera. Cadwyd dau epidemig difrifol yn Nhredegar, y cyntaf ym 1832–33 a'r un gwaethaf ym 1849. Brigodd yr haint drachefn, ond yn llai difrifol, ym 1866. Codai 'Brenin y Dychryniadau' gymaint o ofn nes na châi'r rhai a fu farw ohono eu claddu ym mynwentydd eglwysi a chapeli'r dref. Trefnodd Thomas Ellis, prif beiriannydd Gwaith Haearn Tredegar, le addas er mwyn i'r rhai fu farw gael angladd teilwng. Dyma, bellach, yr unig fynwent colera sydd wedi goroesi yng Nghymru.

Heddiw, 26 o'r cerrig beddi sy'n dal i sefyll, ac o'u cwmpas fe welwch weddillion rhai eraill sydd â'r arysgrifau arnynt wedi'u treulio gan y tywydd eithafol. Prin iawn yw'r rhai sy'n dyddio o 1832 ac mae tuedd iddynt fod braidd yn fach â'r arysgrifau wedi'u cerfio'n grefftus ac yn ddwfn a chlir. Mwy niferus, a llawer mwy sylweddol, yw'r cerrig o 1849. Mae'r mwyafrif ohonynt yn dyddio o'r cyfnod rhwng Awst a Medi 1849 pryd yr oedd yr epidemig ar ei waethaf. Gallai teuluoedd cyfan farw mewn diwrnod, a gwrthodai'r byw fynd i angladdau eu cymdogion. Cymaint oedd ofn pobl nes iddi fod yn anodd darbwyllo mwy na

Disease accounted for many deaths in industrial centres during the Industrial Revolution. The rapid, random, unplanned growth of towns was accompanied by poor hygiene and sanitation. With no knowledge as to what caused diseases, outbreaks of typhus, typhoid and diphtheria spread rapidly in densely-packed communities with devastating consequences. The worst by far was cholera, the 'King of Terrors', and the Cefn Golau cholera cemetery, on desolate moorland above Tredegar, is a powerful reminder.

Here lie the earthly remains of at least 260 victims of cholera. There were two serious epidemics in Tredegar, the first in 1832–33 and the most devastating in 1849. A third, less serious, outbreak occurred in 1866. Such was the fear caused by the 'King of Terrors' that those who died of the disease could not be buried in the burial grounds of the churches and chapels of the town. Thomas Ellis, the chief engineer in the Tredegar Ironworks, arranged to set aside a suitable place so that those who succumbed could be given a decent burial. This is now the only surviving cholera cemetery in Wales.

Today, some 26 grave stones still stand, surrounded by the remains of others, their inscriptions worn by the extreme weather. Very few date to 1832 and they tend to be rather small in size but with deep, clear inscriptions of fine craftsmanship. The stones of 1849 are more numerous and much more substantial. Most date to between August and September 1849, the period of the height of the epidemic. Whole families could be wiped out in a day. Survivors shunned the funerals of their neighbours. Such was people's fear

dyrnaid ohonynt i helpu i gladdu'r meirw, a chymaint oedd y cywilydd a oedd ynghlwm wrth y clefyd nes i rai teuluoedd fynd ati liw nos i gladdu eu meirw ar ochr y mynydd.

that few could be persuaded to help with the burials and so deep a stigma attached itself to the disease that some families buried their dead at night on the side of the mountain.

Ffigur 79: *Cerrig beddi mynwent Cefn Golau.* (Frank Olding, NPRN 307423)

Figure 79: *Gravestones at Cefn Golau cemetery.* (Frank Olding, NPRN 307423)

Gwrthryfel y Siartwyr – gwrthdystio a gwrthsefyll

O gofio hynny i gyd, go brin ei bod hi'n syndod bod rhai o elfennau mwy penboeth y gymdeithas wedi ceisio cymryd camau uniongyrchol i wrthdystio yn erbyn amodau garw eu bywyd a'u gwaith. Y mwyaf difrifol, o lawer, o'r ymgyrchoedd gwleidyddol a chymdeithasol oedd Gwrthryfel y Siartwyr ym 1839. Cyhoeddwyd Siarter y Bobl ym mis Mai 1838 gan fynnu chwe hawl radical:

- Yr hawl i bob dyn dros 21 gael pleidlais
- Ethol drwy bleidlais gyfrinachol
- Yr un nifer o bobl mewn dosbarthau etholiadol
- Etholiadau blynyddol
- Dim cyfyngiad o ran perchnogaeth eiddo na chymhwyster i sefyll fel Aelod Seneddol
- Aelodau Seneddol i gael cyflog.

Yn aml, byddai gwahaniaeth barn ymhlith Siartwyr ynghylch cynnal ymgyrch gwbl heddychlon (a elwid yn gyffredin yn Siartiaeth 'grym moesol') neu alw ar gyrff mawr o gefnogwyr i gyfleu'r farn gyhoeddus yn glir iawn i'w llywodraethwyr. O fynd â'r olaf i'w ben draw, a allai droi'n wrthryfel, gellid ei alw'n Siartiaeth 'grym corfforol'. Erbyn hydref 1839, yr elfennau chwyldroadol a âi a hi yn y de-ddwyrain. Ar noson Tachwedd 3ydd 1839, felly, cychwynnodd 4,000 o ddynion arfog ar eu gorymdaith hir i Gasnewydd o dan arweinyddiaeth Zephaniah Williams, John Frost a William Jones.

Erbyn hanner awr wedi naw fore Llun, 4ydd Tachwedd, safai'r llu o Siartwyr y tu allan i Westy'r Westgate lle'r oedd yr awdurdodau yng Nghasnewydd wedi sefydlu pencadlys. Yno i amddiffyn y rheiny yr oedd rhyw 60 o gwnstabliaid arbennig a 30 o filwyr y 45fed Catrawd o Filwyr Troed. O dan amgylchiadau dryslyd, y Siartwyr a daniodd yr ergydion cyntaf. Ffoi ar unwaith wnaeth llawer o'r cwnstabliaid arbennig, ond ymateb y milwyr oedd tanio at y dyrfa ar y stryd. Bu brwydro ffyrnig yn y gwesty rhwng y milwyr ac amryw o'r Siartwyr ac, er na pharodd 'Brwydr Gwesty'r Westgate' ond 25 munud, gorweddai 22 o bobl yn farw neu ar fin marw ac anafwyd dros 50.

The Chartist Uprising – protest and protection

Bearing all this in mind, it is hardly surprising that some of the more hot-headed elements in this society should seek to take direct action against these harsh living and working conditions. By far the most serious of these political and social campaigns was the Chartist Uprising of 1839. In May 1838, the People's Charter was published with its six radical demands:

- The right to vote for all men over 21
- Election by secret ballot
- Electoral districts of equal population
- Annual elections
- No requirement for the ownership of property or land to qualify to stand as an MP
- Salaries for MPs.

Chartism and Chartists were often divided over whether to pursue a purely peaceful campaign of persuasion (commonly known as 'moral force' Chartism), or to suggest that the mobilisation of large bodies of supporters might be necessary to impress the establishment with the force of public opinion. Carried to a potentially insurrectionary extreme, this could be represented as 'physical force' Chartism. By the autumn of 1839, revolutionary elements were in the ascendant in south-east Wales, and so on the night of November 3rd, 1839, 4,000 armed men set off on their long march to Newport under the leadership of Zephaniah Williams, John Frost and William Jones.

By half past nine in the morning of Monday 4th November, the Chartist force stood outside the Westgate Hotel where the authorities in Newport had set up their headquarters under the protection of about 60 special constables and 30 soldiers of the 45th Regiment of Foot. In confused circumstances Chartists fired the first shots. Many special constables immediately fled, but the regular soldiers responded by firing volleys into the crowd in the street, while inside the hotel a fierce battle raged between the soldiers and a number of Chartist intruders. The

Ffigur 80: *Llun o Furlun y Siartwyr, John Frost Square, Casnewydd, a gwblhawyd gan Kenneth Budd ym 1978. Fe'i dymchwelwyd wrth wneud gwaith datblygu ym mis Hydref 2013.* (DS2011_531_005, NPRN 412331)

Figure 80: *Scene from the Chartist Mural, John Frost Square, Newport, completed by Kenneth Budd in 1978. It was demolished in the course of development work in October 2013.* (DS2011_531_005, NPRN 412331)

Gadawodd y gwrthryfel ei farc ar lên gwerin blaenau Gwent. Mae Ogof y Siartwyr ar gnwc amlwg ar weundir agored i'r gogledd o Drefil. Mor gynnar â 1884, cofnododd Evan Powell draddodiad lleol cyson i'r ogof gael ei defnyddio'n fan cyfarfod cyfrinachol ac yn ffatri arfau cyn i'r gwrthryfel gychwyn (Powell, 1902: 57). Pan gloddiodd

'Battle of the Westgate' lasted only 25 minutes, but 22 people lay dead or dying and more than 50 were injured.

The uprising left its mark on the folklore of upland Gwent. The Chartists' Cave is set in a prominent knoll on the open moorland to the north of Trefil. As early as 1884, Evan Powell recorded a persistent local tradition that the

aelodau o Glwb Ogofeuo Dyffryn Hafren i mewn i'r ogof ym 1970, cafwyd hyd i olion dynol ynghyd â phibell glai, darnau o lo, a llechfaen rhyfedd â thyllau wedi'u drilio iddo. Cynhaliwyd cwest ynglŷn â'r esgyrn dynol a barn y patholegydd enwog o'r Swyddfa Gartref, Dr Bernard Knight, oedd bod y dystiolaeth yn awgrymu eu bod yn gymharol ddiweddar ac yn rhyw 50–100 oed. Credai fod yno esgyrn o leiaf dri unigolyn, a chawsai asgwrn clun ei

cave had been used as a secret meeting place and arms factory leading up to the uprising (Powell 1902: 57). When the cave was dug into in 1970 by members of the Severn Valley Caving Club, human remains were found together with a clay pipe, fragments of coal and a strange slab of rock with holes drilled through it. An inquest was held on the human bones and testimony presented by the famous Home Office pathologist, Dr Bernard Knight, suggested

Ffigur 81: *Ogof y Siartwyr, Trefil. Y gred yw i'r ogof hon ger copa Mynydd Llangynidr fod yn ddihangfa i Siartwyr ac yn storfa i'w harfau.* (Frank Olding, NPRN 243133)

Figure 81: *Chartists' Cave, Trefil. Located near the summit of Mynydd Llangynidr, this cave is believed to have been a refuge for Chartists and a store for their weapons.* (Frank Olding, NPRN 243133)

ddryllio. Y posibilrwydd, felly, yw i'r esgyrn gael eu claddu ar ôl rhyw helbul yn y fro (CBHC, 1997: 13). Ai'r rheiny oedd cyrff y Siartwyr a gludwyd adref ar ôl y lladdfa a'u claddu'n ddistaw bach? Ai dyna wir arwyddocâd Ogof y Siartwyr?

Gan fod helbulon o'r fath yn digwydd mor aml, nid yw'n fawr o syndod i'r meistri haearn geisio'u hamddiffyn eu hunain a'u heiddo. Efallai mai'r enghraifft orau o'u hymateb i'r anniddigrwydd cymdeithasol parhaus yw stori ryfeddol Tai Crwn Nant-y-glo. Codwyd y tyrrau amddiffynnol yno gan Joseph a Crawshay Bailey, meistri haearn Nant-y-glo, i wrthsefyll unrhyw ymgais gan eu gweithwyr eu hunain i ymosod arnynt. Bu'n rhaid wrthynt cyn hir. Yn sgil trechu Napoleon fe esgorodd y newyn a'r tlodi a achoswyd gan y dirwasgiad yn y diwydiant haearn ar derfysgoedd difrifol yn Nant-y-glo ym 1816 a thrachefn ym 1822. Bu'n rhaid galw ar y fyddin i'w tawelu ac am bron i bythefnos bu milwyr y Scots Greys (a oedd yn enwog am eu hymosodiad yn Waterloo) yn byw yn stablau'r Tai Crwn.

Adferwyd y tŵr gogledd-ddwyreiniol ym 1990. Mae iddo ddrws o haearn bwrw wedi'i osod mewn cyntedd o gerrig y bu arno, ar un adeg, sbigogau crwm i rwystro unrhyw un rhag dringo i'r lloriau uwchben. Mae i'r drws ei hun ddwy agen i fwsgedi, a chloriau mewnol o haearn bwrw iddynt. Mae'r muriau'n bedair troedfedd o drwch a'r ffenestri'n culhau tuag i mewn er mwyn amddiffyn y sawl a oedd y tu mewn. Mae holl adeiladweithiau mewnol y ffenestri a'r lloriau wedi'u gwneud o haearn bwrw, ac o haearn y gwnaed popeth a fyddai fel arfer wedi'i wneud o bren.

Ryw 100 metr o'r tyrau saif gweddillion Tŷ Mawr, y plasty gwych a godwyd gan Joseph Bailey ym 1816. O'i amgylch yr oedd gerddi mawr a llwybrau drwy'r coed, a llifai nant o'r mynydd drwyddynt. Yn nhu blaen y tŷ, yr oedd rhes o chwe cholofn haearn (a gastiwyd yn y gweithfeydd, wrth gwrs) yn cynnal feranda a thrwy ddrysau dwbl mawr yr eid i mewn i'r adeilad. Yn y cyntedd, arweiniai rhes o risiau marmor i fyny i'r ail lawr. Yn y cefn, ceid adeiladau gwasanaethu wedi'u clystyru o amgylch cwrt bach. Rhaid

that they were fairly recent, about 50 to 100 years old. In his opinion, the bones came from at least three individuals and one thigh bone was shattered, leaving the possibility that the bones were buried after some disturbance in the local area (RCAHMW 1997: 13). Were these the bodies of Chartists carried home from the slaughter and buried in secret? Is this the true significance of the Chartists' Cave?

With such disturbances flaring up so frequently, it causes little surprise that the ironmasters sought to protect themselves and their property. Perhaps the best example of their response to this endemic social unrest is the remarkable story of the Nantyglo Roundhouses. These defensive towers were built by Joseph and Crawshay Bailey, the Nantyglo ironmasters, as a defence against potential attack by their own workers. The defences soon proved a dire necessity. The hunger and poverty caused by the depression in the iron industry that followed the end of the Napoleonic Wars led to serious rioting in Nantyglo in 1816 and again in 1822. The army had to be called for to suppress the disorder and for almost a fortnight soldiers of the Scots Greys (famous for their gallant charge at Waterloo) were billeted in the stables at the Roundhouses.

The north-eastern tower was restored in 1990. It has a cast-iron door set in a stone porch that once had curved spikes to prevent anyone climbing to the upper floors. The door itself has two musket loops with internal cast-iron covers. The walls are four feet thick and the windows narrow towards the interior so as to defend those inside. All the internal structures of the windows and floors are made of cast iron – indeed, everything that would normally be made of wood is made of iron.

About 100 metres from the towers stand the remains of Tŷ Mawr, the splendid mansion that Joseph Bailey built in 1816. It was surrounded by large gardens with woodland walks and a mountain stream running through. At the front of the house, a colonnade of six iron pillars (cast in the works, of course) supported a veranda and one entered the building via large double doors. In the lobby, a flight of marble stairs led up to the second floor. At the back, service buildings clustered around a small

bod y gweithwyr lleol yn boenus o ymwybodol o'r gwahaniaeth enfawr rhwng eu hamodau byw hwy a rhai eu meistri.

Erbyn canol y bedwaredd ganrif ar bymtheg, yr oedd newidiadau cymdeithasol mawr ar waith yn y 'Deyrnas Ddu', a gwelwyd ymfudo sylweddol iawn wrth i'r diwydiant haearn ddirywio'n gyflym.

Y Diwydiant Glo

Gwelodd ail hanner y bedwaredd ganrif ar bymtheg ehangu cyflym ar y diwydiant glo ledled y de-ddwyrain. Wrth i'r galw ym Mhrydain gynyddu ac i'r farchnad allforio ffynnu, cynhyrchid mwy o lo yng nghymoedd y de nag mewn unrhyw ardal arall yn y byd. Cloddiwyd pyllau dyfnach a mwy cymhleth i fanteisio ar yr haenau cyfoethog o lo golosg, glo rhydd a glo carreg. Ar anterth y diwydiant ym 1913, cynhyrchwyd cymaint â 57 miliwn o dunelli o lo ac ar draws y maes glo cyflogid chwarter miliwn o ddynion. Ond ni allai'r buddsoddi a'r atgyfnerthu wedi'r gwladoli ym 1947 rwystro'r diwydiant rhag dirywio erbyn y 1970au. Erbyn 1975, dim ond 40 o byllau glo a oedd ar ôl, ac wedi streic fawr olaf y glowyr ym 1984–85 fe gaewyd y naill ar ôl y llall. Erbyn y 1990au, un pwll dwfn yn unig a oedd yn weddill yn y de, sef Glofa'r Tŵr yn Hirwaun, ac fe gaeodd hwnnw yn 2008.

Wrth i'r tir gael ei adfer, fe ddinistriwyd y mwyafrif llethol o safleoedd y prif lofeydd a fuasai ar waith rhwng canol y bedwaredd ganrif ar bymtheg a diwedd yr ugeinfed ganrif. Ceir cryn dipyn o weddillion adeiladau nodedig y pyllau glo yng Nghrymlyn a Phenalltau (Caerffili), a ffwrnais sydd wedi goroesi'n rhyfeddol o'r cyfnod cynnar yw Ffwrnais Awyru Llandafal ym mhentref Cwm (Blaenau Gwent). Crumlin Navigation yw'r grŵp mwyaf trawiadol a hwnnw,

courtyard. Local workers must have been painfully aware of the vast contrast between their own living conditions and those of their masters.

By the mid-nineteenth century, great social changes were at work in the 'Black Kingdom'. The iron industry had gone into a steep decline and this led to emigration on a substantial scale.

The Coal Industry

The second half of the nineteenth century saw a rapid expansion in the coal industry across south-east Wales. Fuelled by rising domestic demand and a booming export market, the south Wales valleys became the largest coal-producing area in the world. Pits became deeper and more complex in order to exploit rich seams of coking coal, steam coal and anthracite; 1913 saw the peak of production at a staggering 57 million tons and a quarter of a million men were employed across the coalfield. Although the period after nationalisation in 1947 saw investment and consolidation, by the 1970s the industry was in decline. By 1975, only about 40 collieries remained and, following the last big miners' strike of 1984–85, more closures came in quick succession. By the 1990s, only one deep colliery remained in south Wales – the Tower Colliery at Hirwaun, and that closed in 2008.

The vast majority of the major colliery sites of the mid-nineteenth to late twentieth centuries have been destroyed by land reclamation. Significant remains of fine colliery buildings survive at Crumlin and Penallta (Caerphilly), and the Llandafal Ventilation Furnace at Cwm (Blaenau Gwent) is a remarkable early survival. Crumlin Navigation is the most striking group and is,

---

Ffigur 82: *Roundhouse Farm, Nant-y-glo. Tyrrau crwn y fferm yw dau o'r adeiladau domestig a phreifat olaf i'w codi ym Mhrydain i amddiffyn eu perchnogion. Dyma lun o'r tŵr gogledd-ddwyreiniol.* (Frank Olding, NPRN 54623)

Figure 82: *Roundhouse Farm, Nantyglo. The round towers at the farm are two of the last private domestic structures built in Britain with a serious defensive purpose. Shown here is the north-eastern tower.* (Frank Olding, NPRN 54623)

Ffigur 83: *Pwll Glo Navigation, Crymlyn. Er i'r lofa gau ym 1967, dyma'r casgliad o adeiladau glofaol sydd wedi'i ddiogelu orau yn y de. Mae'r cynllun, a adeiladwyd ym 1907–11 gan Partridge Jones a'i Gwmni, o safon bensaernïol anarferol ac yn cynnwys brics coch a philastrau bric o liw melyn. Y tu hwnt i'r adeiladau, gwelir inclein serth tramffordd Mark Phillips.* (980314-2, NPRN 85102)

Figure 83: *Navigation Colliery, Crumlin. Although the colliery closed in 1967 the buildings remain as the best preserved colliery complex in south Wales. The exhibition design, built 1907–11 by Partridge Jones & Co is of unusual architectural quality of red brick with yellow brick pilasters. Behind the buildings the steep incline of Mark Phillips' tramroad can be seen.* (980314-2, NPRN 85102)

efallai, yw'r un sydd wedi'i ddiogelu orau yn y de. Codwyd adeiladau'r pwll ym 1911 ac mae'r cyfan mewn brics coch gyda philastrau melyn. Ymhlith yr adeiladau sydd wedi goroesi mae dau gwt weindio, cwt gwyntyll, simnai enfawr a gweithdai (AIA, 2003: 34). Ymhellach tua'r gorllewin, o fewn 1.5 cilometr i'r caerau Rhufeinig yng Ngelli-gaer, saif

perhaps, the best preserved colliery complex in south Wales. The pit was built in 1911 and is all of red brick with yellow pilasters. The surviving buildings include two winding houses, a fan house, huge chimney and workshops (AIA 2003: 34). Further west, within 1.5 kilometres of the Roman forts at Gelligaer, stand the

gweddillion glofa Penalltau a suddwyd ym 1905. Ymhlith y gyfres o adeiladau sydd wedi goroesi mae dau fframwaith offer weindio a neuadd bŵer anferthol o fawr, ac mae'r safle'n ein hatgoffa o rym a chyfoeth perchnogion y pyllau glo pan oedd y diwydiant ar ei anterth (ibid: 31–32).

remains of the Penallta colliery, sunk in 1905. With its complex of surviving buildings – including two headgears and a truly cavernous power hall – the site is a monumental reminder of the power and wealth of the coal owners at the height of the industry (ibid.: 31–32).

Ffigur 84: *Cerflun tirwedd 200 metr o hyd gan yr artist Mick Petts ar safle Pwll Glo Penalltau yw'r cerflun hwn o'r merlyn Sultan. Fe'i crëwyd i dalu teyrnged i'r merlod a ddefnyddid dan ddaear i halio'r glo. Cymerodd hi dair blynedd i gwblhau'r cerflun ac yn ddiweddarach rhoddwyd iddo'r enw 'Sultan' ar ôl merlyn arbennig o enwog a weithiai yn y lofa.* (AP_2014_4974, NPRN 402672)

Figure 84: *Sultan the pit pony, Penallta, is a 200 metre long landscape sculpture by artist Mick Petts on the site of Penallta Colliery, raised in homage to pit ponies, which were used to haul coal in underground mines. The work took three years to complete and was later dubbed 'Sultan' after a particularly famous local pit pony.* (AP_2014_4974, NPRN 402672)

Ffigur 85: *Cwmni Powell Duffryn Steam Coal a adeiladodd Bwll Glo Penalltau. Er mai hwn oedd un o'r olaf a godwyd i gael ei gyrru gan ager, fe gynhyrchai ei drydan ei hun yn ogystal. Erbyn y 1930au cynnar, cyflogai'r pwll dros 3,000 o ddynion a chynhyrchu dros 860,000 o dunelli'r flwyddyn.* (AP_2014_4977, NPRN 80439)

Figure 85: *Penallta Colliery was built by the Powell Duffryn Steam Coal Company and was one of the last steam-powered collieries constructed, although it did also generate its own electricity. By the early 1930s the colliery employed over 3,000 men and was achieving an annual production figure of over 860,000 tons.* (AP_2014_4977, NPRN 80439)

Big Pit oedd un o'r ychydig byllau glo ar y blaenau. Fe'i trowyd yn amgueddfa lofaol yn fuan ar ôl gorffen cynhyrchu glo yno ym 1980 a daeth yn rhan o Amgueddfa Cymru yn 2001. Tua'r dwyrain ar draws y cwm gwelir tirwedd anadferedig Pwll Du, lle cyflwynwyd llain-gloddio

One of the few truly upland collieries, Big Pit became a mining museum shortly after ceasing production in 1980 and became part of the National Museum Wales in 2001. Across the valley to the east is the unreclaimed landscape of Pwll Du, where the first strip-mining in Britain was

Archaeoleg Ddiwydiannol • Industrial Archaeology

Ffigur 86: *Codwyd Traphont Crymlyn o ddelltwaith o haearn gyr a haearn bwrw. Yr oedd y fframwaith o diwbiau o haearn bwrw wedi'u cydio yn ei gilydd ac yn codi'n feinach feinach o'r gwaelod i'r brig. Yr oedd iddi saith rhychwant 46 metr (150 o droedfeddi) o hyd ynghyd â thri rhychwant atodol. Dymchwelwyd y bont ym 1965 er bod rhai o'u hategion sylweddol o gerrig yn dal i sefyll ar y tir uchel ar ochr y cwm uwchlaw Pwll Glo Crumlin Navigation.* (DI2006_1620, NPRN 34959)

Figure 86: *Crumlin Viaduct was constructed from a wrought and cast-iron lattice. The framework of cast-iron tubes was braced together and tapered from the base to the top. The viaduct had seven spans of 46 metres long (150 feet) plus three subsidiary spans. The structure was demolished in 1965 although substantial masonry abutments remain high on the valley-sides above Crumlin Navigation Colliery.* (DI2006_1620, NPRN 34959)

Ffigur 87: *Traphont Hengoed, sef Traphont Rhymni yn wreiddiol, yw un o gofadeiliau mwyaf trawiadol peirianneg y rheilffyrdd yng Nghymru ac mae'n un o'r hynaf o'r traphontydd o'i bath sydd wedi goroesi. Mae'n olygfa drawiadol ar dirwedd canol Cwm Rhymni ers dros ganrif a hanner.* (AP_2006_1441, NPRN 34974)

Figure 87: *Hengoed Viaduct, originally known as the Rhymney Viaduct, is one of Wales's most striking monuments of railway engineering and one of the oldest surviving viaducts of its type. It is an impressive landmark, which has dominated the landscape of the mid-Rhymney Valley for over 150 years.* (AP_2006_1441, NPRN 34974)

gyntaf ym Mhrydain i roi hwb i gynhyrchu glo adeg y rhyfel ym 1943. Esgorodd hynny ar y 'Tomenni Canadaidd', sef y dirwedd hynod – fel tir y lleuad – sydd bellach yn un o'r gweddill prin o'r safleoedd hynny yn y de-ddwyrain (ibid: 3).

introduced to boost wartime production in 1943. The product was the 'Canadian Tips' – a remarkable, lunar landscape that now represents a rare survivor of such sites in south-east Wales (ibid.: 3).

Yr un fu tynged llawer o isadeiledd y rheilffyrdd a oedd yn gysylltiedig â thwf y diwydiant glo. Bellach, does ond atgion traphont enwog Crymlyn i'w gweld, ond mae traphontydd cyflawn wedi goroesi ym Maesycwmer (Caerffili), Dukestown (Blaenau Gwent) a Chlydach (Sir Fynwy). Codwyd Traphont Crymlyn gan Thomas W. Kennard rhwng 1853 a 1857 er mwyn i Reilffordd Casnewydd, y Fenni a Henffordd groesi Cwm Ebwy. Gan fod y draphont yn 62 metr (204 o droedfeddi) o uchder, hi oedd yr un drydedd uchaf yn y byd pan gwblhawyd hi. Fe'i codwyd o ddelltwaith o haearn gyr a haearn bwrw. Un arall o adeiladweithiau Kennard yw Traphont Hengoed, a godwyd rhwng 1853 a 1858 er mwyn i'r un rheilffordd allu croesi Cwm Rhymni. Mae i'r draphont 16 o fwâu hanner-cylch ar golofnau tal a churiedig sydd i gyd o rwbel sgwâr a leinin o frics coch. Mae'n 260 metr o hyd ac yn 37 metr (120 o droedfeddi) o uchder.

Traphont ar Reilffordd Merthyr Tudful, Tredegar a'r Fenni oedd Traphont Blaen y Cwm yn Nhredegar (yr enw lleol arni yw Nine Arches). Fe'i codwyd ym 1864 o gerrig calch ac mae'r manylion arni o frics (ibid: 37). Yr un rheilffordd sy'n rhedeg drwy Gwm Clydach ac fe'i hadeiladwyd hi fel lein sengl ym 1862 cyn cael ei dyblu ym 1877 fel rhan o Reilffordd y London and North Western. Bu ei chynllunio'n her anferth i'r peiriannydd ac un o'r uchafbwyntiau arni yw'r draphont sy'n troi gan bwyll dros y naw bwa dros Nant Dyar.

Magodd y diwydiant glo gymunedau cryf a ymfalchïai'n fawr yn eu traddodiad o weithredu gwleidyddol a chymdeithasol. Ond talwyd pris uchel am y glo. Digwyddai ffrwydradau a thrychinebau eraill yn rhy gyffredin o lawer. Yn Six Bells ger Abertyleri y saif un o'r cofadeiliau mwyaf hynod i fyd mwyngloddio yn unman ym Mhrydain. Cwblhawyd y 'Gwarcheidwad' yn 2010 ac fe'i comisiynwyd i goffáu hanner canrif ers y ffrwydrad a laddodd 45 o ddynion yn y pwll glo yno ym 1960. Mae'r cerflun, sy'n 20 metr o uchder, yn dangos glöwr a'i freichiau allan mewn ystum warchodol. Saif yn uchel uwchlaw safle'r pwll glo yn deyrnged deilwng i ddewrder ac aberth y cymunedau glofaol.

The same fate has befallen much of the railway infrastructure associated with the growth of the coal industry. Only the abutments of the famous Crumlin Viaduct can now be seen, but complete viaducts survive at Maes y Cymmer (Caerphilly), Dukestown (Blaenau Gwent) and Clydach (Monmouthshire). Crumlin Viaduct was built by Thomas W. Kennard between 1853 and 1857 to carry the Newport, Abergavenny & Hereford Railway across the Ebbw valley. The viaduct was 62 metres (204 feet) high making it the third highest viaduct in the world when completed. It was constructed from a wrought and cast-iron lattice. Another of Kennard's constructions is the Hengoed Viaduct, built between 1853 and 1858 to carry the same railway over the Rhymney Valley. The viaduct has 16 semi-circular arches on tall battered piers all of squared rubble with red brick linings and is 260 metres in length and 37 metres (120 feet) high.

The Blaen y Cwm Viaduct at Tredegar (known locally as the Nine Arches) was built in 1864 for the Merthyr, Tredegar & Abergavenny Railway in limestone masonry with brick detail (ibid.: 37). The same railway runs through the Clydach Gorge and was built as a single line in 1862 before being doubled in 1877 as part of the London and North Western Railway. The gorge presented huge engineering challenges and one of the highlights is the curving, nine arch viaduct across Nant Dyar.

The coal industry created strong communities with a proud tradition of political and social activism. However, the price of coal was high and explosions and other disasters were all too common. At Six Bells near Abertillery stands one of the most remarkable mining memorials anywhere in the UK. Completed in 2010, 'Guardian' was commissioned to commemorate the 50th anniversary of the explosion that claimed the lives of 45 men at Six Bells colliery in 1960. The 20 metres high sculpture of a miner – arms outstretched in a gesture of protection – towers over the site of the colliery and is a fitting tribute to the courage and sacrifice of the mining communities.

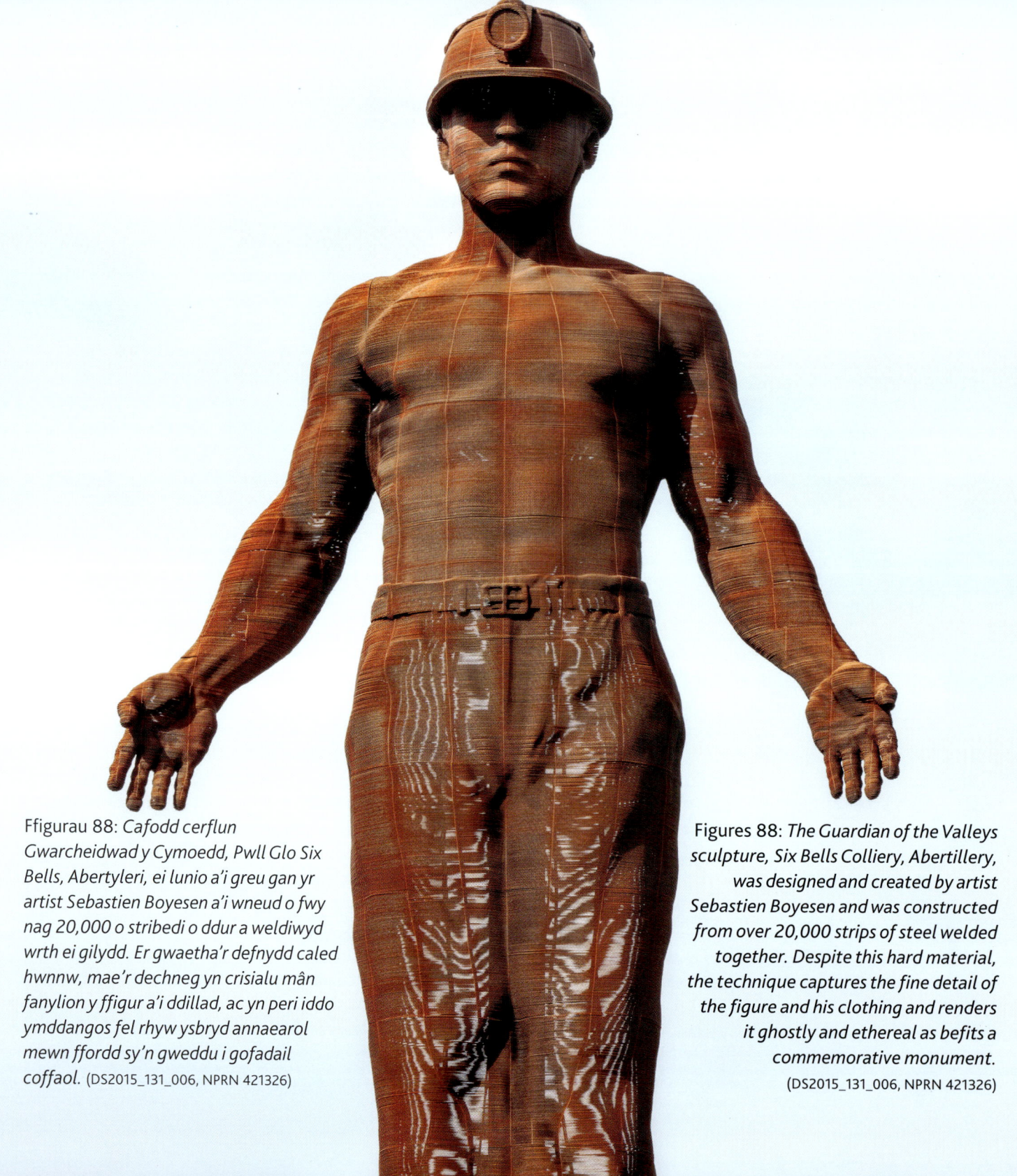

Ffigurau 88: *Cafodd cerflun Gwarcheidwad y Cymoedd, Pwll Glo Six Bells, Abertyleri, ei lunio a'i greu gan yr artist Sebastien Boyesen a'i wneud o fwy nag 20,000 o stribedi o ddur a weldiwyd wrth ei gilydd. Er gwaetha'r defnydd caled hwnnw, mae'r dechneg yn crisialu mân fanylion y ffigur a'i ddillad, ac yn peri iddo ymddangos fel rhyw ysbryd annaearol mewn ffordd sy'n gweddu i gofadail coffaol.* (DS2015_131_006, NPRN 421326)

Figures 88: *The Guardian of the Valleys sculpture, Six Bells Colliery, Abertillery, was designed and created by artist Sebastien Boyesen and was constructed from over 20,000 strips of steel welded together. Despite this hard material, the technique captures the fine detail of the figure and his clothing and renders it ghostly and ethereal as befits a commemorative monument.* (DS2015_131_006, NPRN 421326)

PENNOD 6
Heddiw ac Yfory

Fel y gwelsom, mae i flaenau Gwent dirwedd archaeolegol a diwylliannol hynod iawn. Mae gweithgarwch pobl ar hyd y milenia wedi gadael ei ôl ar y dirwedd ac wedi magu hunaniaeth gref ac ymwybyddiaeth ddwys o le ymhlith y bobl sy'n byw yma. Creadigaeth y dirwedd yw'r cymunedau hynny. Cyfrannodd y cyfoeth o fwynau a ddenodd y diwydianwyr cynnar i'r bryniau hyn nid yn unig at greu'r Gymru fodern ond hefyd, gellid dadlau, at greu'r byd modern.

Gan fod yma boblogaethau lleol mawr, a phoblogaethau trefol mwy byth o fewn pellter gyrru hwylus, mae potensial enfawr – a bygythiadau sylweddol – i'r dirwedd. Am fod Cyfoeth Naturiol Cymru a chyrff cyhoeddus eraill yn berchen ar ddarnau helaeth o dir ac ystadau mynediad-agored, ac yn eu rheoli, mae cyfle mawr yma i weithgareddau hamdden awyr-agored a thwristiaeth treftadaeth wneud cyfraniad pwysig i'r adfywiad economaidd y mae cymaint o'i angen ar y fro. Ond bygythiad cyson i'r blaenau hyn yw eu datblygu'n amhriodol ac ar raddfa sy'n gwbl anghydnaws â'r dirwedd hanesyddol, yn enwedig o ran cloddio glo brig a chodi ffermydd gwynt arnynt.

Mae i gymoedd y de a'u cymunedau gymeriad arbennig a ffurfiwyd gan gyfuniad o dirwedd a hanes ac mae'r hunaniaeth leol gref a chlòs honno'n tynnu ar elfennau o'n hynafiaid pell – yr helwyr, y bugeiliaid a'r ffermwyr cynnar a wnaeth gymaint i ffurfio tirwedd y blaenau. Ac ar ben hynny gorwedd etifeddiaeth y cymunedau trefol prysur a grëwyd gan ddyfodiad y Chwyldro Diwydiannol.

Fe ddechreuon ni'n taith drwy flaenau Gwent yng nghwmni'r Parchedig Edmund Jones ym 1779 ac efallai mai ef a ddylai gael y gair olaf:

CHAPTER 6
The Present and the Future

As we have seen, the Gwent uplands represent a remarkable archaeological and cultural landscape. Human activity through the millennia has left its mark on the landscape and has created a strong identity and an intense sense of place among the people who live here. The communities are the creation of the very landscape itself. The mineral wealth that drew early industrialists to these hills contributed not only to the creation of modern Wales but, it could be argued, of the modern world.

Large local populations and still larger urban populations within easy driving distance mean that this is a landscape with huge potential and substantial threats. Large areas of open-access land and estates owned and managed by Natural Resources Wales and other public bodies mean that there is great scope for outdoor leisure activities and heritage tourism to make a meaningful contribution to the economic regeneration the area so badly needs. On the other hand, these uplands are also under constant threat of inappropriate development, vastly out of scale with the historic landscape, especially from opencast mining and wind farms.

The south Wales valleys and their communities have a special character formed by a combination of landscape and history. This strong and close-knit local identity draws on the substrate of our distant forebears – those early hunters, shepherds and farmers who did so much to form the upland landscape – overlain by the legacy of the bustling urban communities created by the advent of the Industrial Revolution.

We began our journey through the Gwent uplands in the company of Reverend Edmund Jones in 1779 and perhaps the final word should go to him:

Ffigur 89: *Ffatri Rwber Bryn-mawr. Dymchwelwyd Ffatri Semtex Dunlop, neu Ffatri Rwber Bryn-mawr, yn 2001. Yr oedd yn enghraifft arbennig o dda o bensaernïaeth cyfnod 'Gŵyl Prydain'. Fe'i codwyd rhwng 1945 a 1951 ac ychwanegwyd ati'n ddiweddarach. Y nodwedd wreiddiol fwyaf trawiadol oedd y to concrid ac aml-gromen dros brif ofod gweithio'r llawr cyntaf. Dyma'r adeilad cyntaf a godwyd wedi 1939 yng Nghymru i'w restru a rhoddwyd gradd II* iddo i gydnabod ei bwysigrwydd nodedig. Gerllaw safai'r boelerdy cysylltiedig ac i'r de o'r gronfa ddŵr yr oedd tŵr falfiau, a'r cyfan wedi'i gynllunio mewn arddull debyg.* (AFA226276, NPRNs 41229-30)

Figure 89: *Brynmawr Rubber factory. The Dunlop Semtex Factory, or Brynmawr Rubber factory, was demolished in 2001. It was an exceptionally fine example of 'Festival of Britain' period architecture. Built between 1945 and 1951, with later additions, the most impressive original feature was the multi-domed concrete roofing over the main first-floor working area. It was the first post-1939 building in Wales to be listed, and was given a II* grading in recognition of its outstanding importance. The associated boiler house stood nearby and to the south of the reservoir was a valve tower, both designed in a similar style.* (AFA226276, NPRNs 41229-30)

As to the Disposition of the People in general. They are friendly affable, merciful and far from cruelty, but merry and too loquacious when many of them meet together; as wanting natural Gravity and Sedateness. Cheerful in a poor condition ... Not very difficult to be persuaded to well doing by fair means, yet too easily persuaded on the other hand to do amiss. They seem, as Welshmen in general to have a kind of an Innate virtue ... (Jones, 1779: 61).

Ffigur 90: *Enwyd Pont y Siartwyr yng Nghoed-duon i gydnabod y cysylltiad hanesyddol rhwng y fro hon a gwrthryfel y Siartwyr yn y bedwaredd ganrif ar bymtheg. Cynlluniwyd y bont gan Arup ac mae'n cysylltu ochrau dwyreiniol a gorllewinol cwm Sirhywi. Ceblau sy'n dal y bont ac mae hi'n 230 metr o hyd ac yn 30 metr uwchlaw llawr y cwm ac yn cael ei chynnal gan beilon ffrâm-A sy'n 90 metr o uchder. Am fod y tir yn suddo oherwydd y mwyngloddio a fu yno, bu'n rhaid addasu rhywfaint ar y cynllun i ddygymod â'r broblem honno.* (AP_2014_5044, NPRN 408976)

Figure 90: *Chartist Bridge, Blackwood, was named in recognition of the historical link the area has with the nineteenth-century Chartist uprising. The bridge, designed by Arup, links the east and west sides of the Sirhowy valley. It is a cable-stayed bridge, 230 metres long, supported 30 metres above the valley floor by a 90 metre A-frame pylon. The design was partly conditioned by difficulties encountered with mining related subsidence.* (AP_2014_5044, NPRN 408976)

Ffigur 91: *Defnyddio tir y blaenau heddiw. Datblygiad o ddau dyrbin 4MW yw prosiect Ynni Gwynt Oakdale ac fe saif ar dir sy'n eiddo i Gyngor Bwrdeistref Sirol Caerffili ym Mharc Busnes Oakdale. Fe'i comisiynwyd ym mis Rhagfyr 2013. Mae'r tyrbinau'n cynhyrchu digon o drydan i fodloni anghenion yr hyn sy'n cyfateb i ryw 2,000 o gartrefi.* (AP_2014_4978)

Figure 91: *Modern upland land use. The Oakdale Wind Energy Project is a two-turbine, 4MW capacity development on land owned by Caerphilly County Borough Council at the Oakdale Business Park, it was commissioned in December 2013. The turbines provide enough electricity to power the equivalent of approximately 2,000 homes.* (AP_2014_4978)

TAITH DYWYS • GUIDED WALK

Comin Gelli-gaer – Trysorfa Archaeolegol
Gelligaer Common – An Archaeological Treasure House

Gan mai Comin Gelli-gaer yw un o dirweddau archaeolegol mwyaf hynod Cymru, fe aiff taith gerdded fer dros y gweundir llwm ond hardd hwn â chi at safleoedd sy'n dyddio o'r cyfnod cynhanesyddol hyd at yr Oesoedd Canol. Ni ddylai'r daith gymryd mwy na dwyawr i'w chwblhau ond, o'i dilyn, cewch chi ddarlun sy'n crynhoi archaeoleg cymoedd y de cyn y Chwyldro Diwydiannol. Trowch oddi ar yr A465, Ffordd Blaenau'r Cymoedd, a gyrrwch am ddeg munud tan i chi ddod at y maes parcio bach ar y ffordd fynydd o Fochriw i Fedlinog (SO 1050 0310). Dyma'n man cychwyn.

Cerddwch yn ôl at y ffordd sy'n rhedeg tua'r de o Fochriw i gyfeiriad Gelli-gaer. I'r gogledd o gyffordd y ddwy ffordd (SO 1059 0323) fe welwch chi garnedd gylchog wych a godwyd yn yr Oes Efydd Gynnar (tua 2000–1450 CC). Clawdd crwn sydd yma ac mae'n rhyw 15 metr ar ei draws ac â thyweirch drosto. Amrywiad ar y syniad o gylch o feini yw carneddau cylch ac mae'n debyg iddynt gyflawni dibenion tebyg. Yn sicr, yr oedd iddynt swyddogaethau crefyddol a defodol ac fe'u defnyddid yn aml yn fannau claddu i deuluoedd y ffermwyr a'r bugeiliaid a dreuliai eu hafau ar y bryniau hyn yn ystod yr Oes Efydd.

O edrych tua'r gogledd-orllewin, fe welwch chi golofn fain o garreg wrth ochr llain lydan o wair sydd wedi'i dorri'n grop (SO 1034 0340). Maen coffa yw hi ac mae'n dyddio'n ôl i ddiwedd y chweched neu ddechrau'r seithfed ganrif OC. Ar hyd yr wyneb ceid gynt yr arysgrif NEFROIHI, sef "carreg Nía-Froích", ac mae'n coffáu rhyfelwr o Wyddel y golygai ei enw rywbeth fel "pencampwr y grug". Mae'n ein hatgoffa o bresenoldeb teyrnasoedd Gwyddelig yn y de yn ystod yr Oesoedd Tywyll wedi iddynt ymgartrefu'n gyntaf yn Sir Benfro yn

Gelligaer Common is one of the most remarkable archaeological landscapes in Wales. A short walk over this bleak but beautiful moorland will take the visitor to sites dating from prehistoric times right up to the Middle Ages. This short trail should not take more than two hours to complete but offers a microcosm of the archaeology of the south Wales valleys before the Industrial Revolution. A ten-minute drive from the A465 Heads of the Valleys Road brings you to the small car park on the mountain road from Fochriw to Bedlinog (SO 1050 0310) and this is our starting point.

Walk back towards the road running south from Fochriw towards Gelligaer. To the north of the junction between the two roads (SO 1059 0323) is a splendid ring-cairn dating to the Early Bronze Age (c.2000–1450 BC). The site is formed by a circular, turfed-over bank about 15 metres across. Ring-cairns are a variant on the idea of the stone circle and probably served similar purposes. They certainly had religious and ritual functions and were often used as family burial grounds for the Bronze Age farmers and shepherds who spent their summers in these hills.

Looking north-west, you will see a thin pillar of stone alongside a wide strip of low-cropped grass (SO 1034 0340). This is a memorial stone dating back to the late sixth or early seventh centuries AD. Along the northern face was once an inscription that read NEFROIHI – 'the stone of Nía-Froích'. It commemorates an Irish warrior whose name meant something like 'champion of the heather' and reminds us of the presence of Irish kingdoms in south Wales during the Dark Ages. Settling first in Pembrokeshire in the fifth century, the Irish soon expanded and established themselves in their

Archaeoleg Ucheldir Gwent • The Archaeology of Upland Gwent

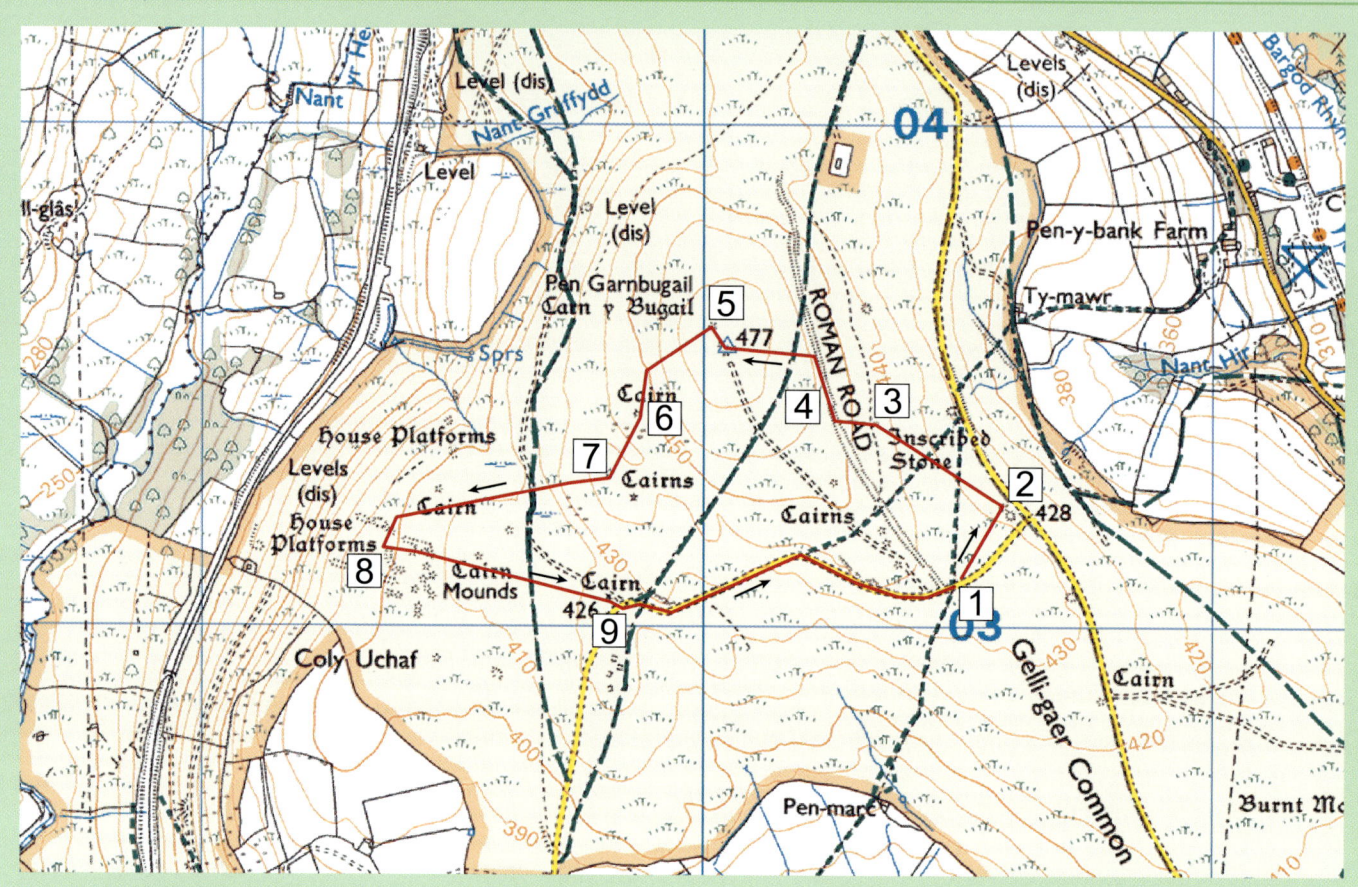

y bumed ganrif. Ehangodd y Gwyddelod cyn hir ac ymsefydlu yn nheyrnas Brycheiniog. Mae'n ddigon posib bod y garreg hon ac un arall yn Ystrad rhwng Trefil a Phontsticill tua'r gogledd yn dynodi terfyn deheuol eu dylanwad.

O droi i'r gorllewin a cherdded am ryw 30 metr, fe groeswch chi'r ffordd Rufeinig sy'n cysylltu caerau Gelli-gaer a Phenydarren. Yma, mae'r ffordd yn rhyw 12 metr o led gan mwyaf ac yn rhedeg am bron i gilometr o ffordd Bedlinog gan ddringo'n gyson tan iddi ddiflannu'n raddol ar lethrau gogleddol Pen Carnbugail. O edrych i fyny'r bryn tua'r gogledd, fe welwch chi batrwm clasurol y ffordd Rufeinig: adran ganolog ddyrchafedig, sef sarn, a ffos allanol bob ochr iddi.

kingdom of Brycheiniog (later Brecknockshire). This stone and another at Ystrad between Trefil and Pontsticill to the north may well mark the southern extent of their influence.

By turning west and walking about 30 metres, you will cross the Roman road linking the forts at Gelligaer and Penydarren. At this point, the road is about 12 metres wide overall and runs for almost a kilometre from the Bedlinog road, climbing steadily until it peters out on the northern slopes of Pen Carnbugail. By looking up the hill to the north, you will see the classic layout of a Roman road with a raised central section (that archaeologists call the 'agger') flanked on either side by a ditch and an outlying bank.

Comin Gelli-gaer • Gelligaer Common

Dyma ddarn o'r ffordd Rufeinig a redai'n wreiddiol yr holl ffordd o Aberhonddu I Gaerdydd gan gysylltu caerau Penydarren, Gelli-gaer a Chaerffili. Mae caer Gelli-gaer ryw 7 cilometr tua'r de (ST 1341 9707) a gallwch ei chyrraedd drwy ddilyn y ffordd fodern sy'n rhedeg ar hyd y gefnen. Adeiladwyd y ffordd a'r caerau gan Julius Frontinus, llywodraethwr Prydain a'r gŵr a fu'n gyfrifol am oresgyn Cymru rhwng OC 74 ac OC 78. Ailgodwyd caer Gelli-gaer mewn cerrig tuag OC 103 ac OC 111 a byddai lle wedi bod ynddi i ryw 500 o filwyr Rhufeinig.

Wrth iddi ymgyrchu, byddai'r fyddin Rufeinig wedi gorfod codi 'gwersylloedd gorymdeithio' hwnt ac yma yn gaerau dros dro i fod yn lloches iddynt yn nhiroedd y gelyn. Wrth ochr y ffordd o Gomin Gelli-gaer i'r gaer ceir cyfres o 'wersylloedd ymarfer', sef caerau bach a godwyd gan filwyr garsiwn Gelli-gaer fel ymarferion hyfforddi cyn codi caerau go-iawn.

Dilynwch y ffordd Rufeinig tua'r gogledd am ryw 300 metr tan i drac ymuno â hi o'r chwith. Yma, trowch i'r chwith a cherddwch tua'r gorllewin yn syth i fyny'r bryn tan i chi weld amlinelliad y pwynt trigonometrig ar gopa Pen Carnbugail (SO 1005 0355). Wrth anelu am y pwynt hwnnw fe ddewch chi at un o'r safleoedd mwyaf trawiadol o'r Oes Efydd yn y de.

Yr ydych chi'n awr yn sefyll ar garnedd gladdu Carn Bugail, sef tomen o gerrig sy'n rhyw 15 metr mewn diamedr a metr o uchder, ac o'i chwmpas mae cyfres o gerrig enfawr. Yn y canol mae blwch mawr neu 'gistfaen' a cherrig ar hyd ei ochrau mewnol. Cafodd maen capan hirgrwn mawr a oedd arno ei symud i'r naill ochr ryw 300 mlynedd yn ôl er mwyn dwyn cynnwys y gistfaen. Dyma'r siambr a arferai gynnwys gweddillion y sawl a gladdwyd yn y garnedd. Pan gloddiwyd hi, cafwyd hyd i weddillion yrnau ac i esgyrn llosg. Mae'r safle hwn, hefyd, yn perthyn i'r Oes Efydd Gynnar (tua 2,000–1,450 CC). Ar y dechrau, claddai pobl yr Oes Efydd eu meirw gydag ambell offrwm i hwyluso'u taith i'r 'Byd Arall' – bicer, rhai offer o fflint

This is a section of the Roman road that originally ran all the way from Brecon to Cardiff, linking the forts at Penydarren, Gelligaer and Caerphilly on its way. Gelligaer fort lies some 7 kilometres to the south (ST 1341 9707) and can be reached by following the modern road that runs along the ridge. Both the road and the forts were constructed by Julius Frontinus, the governor of Britain responsible for the conquest of Wales, between AD 74 and AD 78. The fort at Gelligaer was rebuilt in stone between about AD 103 and AD 111 and would have housed about 500 Roman soldiers.

On campaign, the Roman army often had to build 'marching camps' – temporary forts to give secure bases in hostile territory. Alongside the road from Gelligaer Common to the fort lie a series of 'practice camps' – these are 'mini-forts' built by the soldiers of the Gelligaer garrison as training exercises to prepare themselves for the real thing.

Follow the Roman road north for about 300 metres until it is joined from the left by a track. At this point, turn left and walk west straight up the hill until you see the outline of the trig point on the summit of Pen Carnbugail (SO 1005 0355). Heading for the trig point will bring you to one of the most spectacular Bronze Age sites in south Wales.

You are now standing on the Carn Bugail burial cairn. It is formed by a flat-topped mound of stones about 15 metres in diameter and 1 metre high edged with a kerb of massive stones. In the centre is a large stone-lined box or 'cist' with a large oval capstone that has been moved to one side to allow the cist to be robbed out about 300 years ago. This is the chamber that once held the remains of the person buried in the cairn. When it was dug, the remains of urns and burnt bones were found. This site also belongs to the Early Bronze Age (about 2,000–1,450 BC). At first, Bronze Age people buried their dead with a few offerings to take with them into the 'Otherworld' – a beaker, some flint

ac, efallai, ddagr o efydd neu gopr. Yn ddiweddarach, o ryw 1,700 CC ymlaen, dechreusant amlosgi eu meirw a chladdu eu llwch a'u hesgyrn mewn yrnau crochenwaith. Mae'n ddigon posibl mai i'r cyfnod hwnnw y perthyn Carn Bugail. Tua'r gogledd mae carnedd arall sy'n llai o faint. Yma eto, ceir cistfaen fawr â maen capan yn y canol.

O gerdded tua'r gorllewin o Garn Bugail fe ddewch at ymyl y gefnen sy'n edrych i lawr i flaen cwm bas. Islaw, fe welwch chi arglawdd ar ffurf pedol sy'n rhyw 11 metr ar ei draws ac â cherrig mawr yn codi ohono (SO 0987 0342). Yn wreiddiol, byddai'r cerrig wedi sefyll yn dalsyth mewn cylch trawiadol. Carnedd gylchog arall sydd yma ac mae honno hefyd yn dyddio o'r Oes Efydd Gynnar.

Ar gopa'r gefnen isel sy'n codi i'r de-orllewin o'r garnedd gylchog mae carnedd gladdu arall sydd wedi'i diogelu'n dda o'r Oes Efydd. Mae'n rhyw 6 metr ar ei thraws ac mae iddi gistfaen ganolog fawr a maen capan enfawr (SO 0981 0329). O'r garnedd honno, cerddwch tua'r gorllewin unwaith eto hyd at ymyl y gefnen. Byddwch chi'n awr yn edrych i lawr ar wastatir sydd, yn y pellter, â wal gadarn o gerrig sych o'i amgylch. Yn yr haf, bydd hwn yn gartref i gnwd gwych o ysgall sy'n codi bron gyfuwch â'ch pen.

Ewch i lawr y gefnen a cherddwch tua'r gorllewin drwy'r cae o ysgall am ryw hanner cilometr. Daw hynny â chi at Ddinas Noddfa (SO 0936 0314), anheddiad canoloesol ac anghyfannedd. Wrth i chi gerdded ar draws y gwastatir, fe sylwch ar sawl pentwr o gerrig sydd â thyweirch drosto. 'Tomenni carega' yw'r rheiny ac fe'u ffurfiwyd wrth glirio cerrig oddi ar y tir o'u hamgylch fel bod modd troi'r pridd. Fe sylwch chi hefyd ar gloddiau hir ac isel a arferai fod yn derfynau i gaeau hynafol. O ddilyn y mwyaf gogleddol o'r cloddiau hynny, dewch at ymyl y gwastatir lle mae'r tir yn disgyn yn serth iawn iawn. Yma, fe welwch chi ddau lwyfan gwastad wedi'u torri i lethr y bryn.

tools and, possibly, a bronze or copper dagger. Later, from about 1,700 BC, they began to cremate their dead and bury their ashes and bones in pottery urns. Carn Bugail may well date to this period. To the north is another, smaller cairn – again with a large cist and capstone in the centre.

Walking westwards from Carn Bugail will bring you to the edge of the ridge looking down on the head of a shallow valley. Below you, you will see a horseshoe-shaped embankment about 11 metres across with large stones sticking out of it (SO 0987 0342). Originally, the stones would have stood upright forming an impressive ring – this is another ring-cairn and again dates to the Early Bronze Age.

A low ridge rises to the south-west of the ring-cairn and on the summit is another well-preserved Bronze Age burial cairn about 6 metres across with a large central cist and massive capstone (SO 0981 0329). From this cairn, walk west again to the edge of the ridge. You are now looking down onto a level plateau edged in the distance by a strong dry-stone wall. In summer, this is home to a fine stand of thistles that grow almost to head height.

Drop down the ridge and walk westwards through the thistle field for about half a kilometre. This will bring you to the deserted medieval settlement known as Dinas Noddfa (SO 0936 0314). As you walk across the plateau, you will notice several turfed-over heaps of stone – these are 'clearance cairns' formed by clearing stone off the surrounding land to enable it to be cultivated. You will also notice long, low banks that once formed the boundaries of ancient fields. Following the most northerly of these banks will lead you to the very edge of the plateau with an almost sheer drop below it. Here you will see two level platforms cut into the slope of the hill.

These once held medieval buildings and were excavated in the 1930s by the archaeologist Lady

Ar un adeg, safai adeiladau canoloesol yno ac fe'u cloddiwyd yn y 1930au gan yr archaeolegydd y Fonesig Aileen Fox. Mae'r llwyfan isaf a mwyaf (SO 0936 0320) yn rhyw 20 metr wrth 10 metr. Yno, ceid tŷ â muriau o gerrig a thyweirch ac yr oedd to crib iddo. Yng nghanol pob ochr hir yr oedd mynedfa â chyntedd. Mae'r llwyfan uchaf (SO 0938 0318) yn llai (rhyw 15 metr wrth 8 metr) ac arno safai adeilad llai trawiadol ac iddo furiau o dyweirch ac un fynedfa. Mae'n debyg mai yno y trigai'r bugeiliaid lleol a fu'n byw yn Ninas Noddfa yn y drydedd ganrif a'r bedwaredd ganrif ar ddeg wrth iddynt geisio crafu bywoliaeth o'r tir ymylol hwn.

O Ddinas Noddfa, ewch yn fras tua'r de-ddwyrain tan i chi gyrraedd ffordd Bedlinog. Dilynwch y ffordd tua'r dwyrain ac yn ôl i'r maes parcio. Wrth i chi ddod at frigiad o graig ar ochr chwith y ffordd, efallai y sylwch chi ar garnedd gladdu fach a chynhanesyddol wrth y trac sy'n ymuno â'r ffordd o'r chwith (SO 0982 0305). Nid yw ond 5 metr ar ei thraws ac nid yw'n agos mor drawiadol â Charn Bugail. Safle yw hwn sy'n dangos cymaint yr amrywiai maint henebion yr Oes Efydd. Ymhen cilometr arall, daw'r ffordd hon â chi'n ôl i'r maes parcio ac i fan cychwyn y daith.

Aileen Fox. The larger, lower platform (SO 0936 0320) measures some 20 metres by 10 metres and was occupied by a house. It had stone and turf walls and a ridged roof. In the middle of each long side was an entrance with a porch. The upper platform (SO 0938 0318) is smaller (about 15 metres by 8 metres) and was occupied by a less imposing building with turf walls and a single entrance. Dinas Noddfa was probably occupied during the thirteenth and fourteenth centuries by local Welsh shepherds scraping a living from marginal land.

From Dinas Noddfa, head roughly south-east until you hit the Bedlinog road. Follow the road eastwards back towards the car park. As you come towards an outcrop of rock on the left hand side of the road, you may notice a small prehistoric burial cairn near a track joining the road from the left (SO 0982 0305). Only about 5 metres across and nowhere near as impressive as Carn Bugail, this site shows the huge variation in the scale of Bronze Age monuments. Another kilometre along this road will bring you back to the car park and the starting point of the trail.

Y Côd Cefn Gwlad (2014)
Parchwch. Diogelwch. Mwynhewch.

PARCHWCH BOBL ERAILL:
- meddyliwch am gymuned yr ardal ac am y bobl eraill sy'n mwynhau'r awyr agored
- gadewch glwydi ac eiddo fel yr oedden nhw ac arhoswch ar y llwybrau oni bai fod mynediad agored ar gael.

DIOGELWCH YR AMGYLCHEDD NATURIOL:
- peidiwch â gadael unrhyw arwydd eich bod wedi bod yno, ac ewch â'ch sbwriel gyda chi
- cadwch gŵn dan reolaeth effeithiol.

MWYNHEWCH A GWNEWCH YN SIŴR EICH BOD YN SAFF:
- cynlluniwch eich taith a byddwch yn barod am unrhyw beth annisgwyl
- dilynwch y cyngor a'r arwyddion lleol.

The Countryside Code (2014)
Respect. Protect. Enjoy.

RESPECT OTHER PEOPLE:
- consider the local community and other people enjoying the outdoors
- leave gates and property as you find them and follow paths unless wider access is available.

PROTECT THE NATURAL ENVIRONMENT:
- leave no trace of your visit and take your litter home
- keep dogs under effective control.

ENJOY THE OUTDOORS:
- plan ahead and be prepared
- follow advice and local signs.

Llyfryddiaeth a Darlleniadau Pellach

Association for Industrial Archaeology (AIA). 2003. *A Guide to the Industrial Archaeology of south-east Wales: a Powerhouse of Industry,* AIA: Telford.

Blair, J. a Pyrah, C. (goln) 1996. *Church Archaeology: Research Directions for the Future*, Caerefrog: CBA Research Report 104.

Bradney, J.A. 1993. *A History of Monmouthshire: Vol. 5: The Hundred of Newport*, Caerdydd: SW Record Soc.; Aberystwyth: Llyfrgell Genedlaethol Cymru.

Brewer, R.J. 1980. *Gelli-gaer Roman Fort Guide*, Caerffili: Cyngor Dosbarth Cwm Rhymni.

Brook, D. 1985–88. The early church in Gwent, *Monmouthshire Antiquary* 5, Rhan 3, 67–84.

Browne, D. a Hughes, S. 2003. *The Archaeology of the Welsh Uplands*, Aberystwyth: CBHC, 61–67.

Burnham, B.C. a Davies, J.L. 2010. *Roman Frontiers in Wales and the Marches*, CBHC: Aberystwyth.

Butler, L. 1996, A landscape white with churches: Wales AD 1200–1600. Yn Blair, J. a Pyrah, C. (goln), 104–11.

CBHC 1976. *An Inventory of the Ancient Monuments in Glamorgan, volume. 1: Pre-Norman, Part I: The Stone and Bronze Ages*, Caerdydd: Gwasg Ei Mawrhydi.

CBHC 1982. *An Inventory of the Ancient Monuments in Glamorgan, volume. 3: Medieval Secular Monuments, Part 2: Non-defensive*, Caerdydd: Gwasg Ei Mawrhydi.

CBHC 1986. *An Inventory of the Ancient Monuments in Brecknock (Brycheiniog): The Prehistoric and Roman Monuments, Part 2: Hill-forts and Roman Remains*, Caerdydd: Gwasg Ei Mawrhydi.

Bibliography and Further Reading

Association for Industrial Archaeology (AIA). 2003. *A Guide to the Industrial Archaeology of south-east Wales: a Powerhouse of Industry,* AIA: Telford.

Blair, J. and Pyrah, C. (eds.) 1996. *Church Archaeology: Research Directions for the Future*, York: CBA Research Report 104.

Bradney, J.A. 1993. *A History of Monmouthshire: Vol. 5: The Hundred of Newport*, Cardiff: SW Record Soc.; Aberystwyth: NLW.

Brewer, R.J. 1980. *Gelligaer Roman Fort Guide*, Caerphilly: Rhymney Valley District Council.

Brook, D. 1985–88. The early church in Gwent, *Monmouthshire Antiquary* 5, Part 3, 67–84.

Browne, D. and Hughes, S. 2003. *The Archaeology of the Welsh Uplands*, Aberystwyth: RCAHMW, 61–67.

Burnham, B.C. and Davies, J.L. 2010. *Roman Frontiers in Wales and the Marches*, RCAHMW: Aberystwyth.

Butler, L. 1996, A landscape white with churches: Wales AD 1200–1600. In Blair, J. and Pyrah, C. (eds), 104–11.

Coxe, W. 1801. *An Historical Tour Through Monmouthshire*, 2 volumes, facsimile reprint 1995, Cardiff: Merton Priory Press.

Davies, J.L. and Jones R.H. 2006. *Roman Camps in Wales and the Marches,* Cardiff: UWP.

Foster, I.L. and Alcock, L. (eds.) 1963. *Culture and Environment: A Study of Regional Style. Essays in honour of Cyril Fox*, London: Routledge & Kegan Paul.

Gray, M. and Morgan, P. (eds.) 2009. *The Gwent County History, Volume 3: The Making of Monmouthshire, 1536 – 1780*, Cardiff: University of Wales Press.

Llyfryddiaeth a Darlleniadau Pellach • Bibliography and Further Reading

CBHC 1997. *An Inventory of the Ancient Monuments in Brecknock (Brycheiniog): The Prehistoric and Roman Monuments, Part 1: Later Prehistoric Monuments and Unenclosed Settlements to 1000 AD*, Aberystwyth: CBHC.

CBHC 2000. *An Inventory of the Ancient Monuments in Glamorgan: Vol. 3, Medieval Secular Monuments, Part 1B: The Later Castles from 1217 to the Present*, Aberystwyth: CBHC.

Coxe, W. 1801. *An Historical Tour Through Monmouthshire*, 2 gyfrol, adargraffiad ffacsimili 1995, Caerdydd: Merton Priory Press.

Davies, J.L. a Jones R.H. 2006. *Roman Camps in Wales and the Marches*, Caerdydd: Gwasg Prifysgol Cymru.

Foster, I.L. ac Alcock, L. (goln) 1963. *Culture and Environment: A Study of Regional Style. Essays in honour of Cyril Fox*, Llundain: Routledge & Kegan Paul.

Gray, M. a Morgan, P. (goln) 2009. *The Gwent County History, Volume 3: The Making of Monmouthshire, 1536–1780*, Caerdydd: Gwasg Prifysgol Cymru.

Griffiths, R.A., Aldhouse-Green, M. a Howell, R. (goln) 2004. *The Gwent County History, Volume I: Gwent in Prehistory and Early History*, Caerdydd: Gwasg Prifysgol Cymru.

Griffiths, R.A., Hopkins, T. a Howell, R. (goln) 2008. *The Gwent County History, Volume 2: The Age of the Marcher Lords, c. 1070–1536*, Caerdydd: Gwasg Prifysgol Cymru.

Howell, R. 2004. From the fifth to the seventh century. Yn Griffiths ac eraill. 2004, 244–68.

Howell, R. 2006. *Searching For The Silures: An Iron Age Tribe in South-east Wales*, Stroud: Tempus.

Jones, E. 1779. *A Geographical, Historical and Religious Account of the Parish of Aberystruth*, Trefeca: adargraffiad ffacsimili, J. E. Owen, 1988.

Jones, E. 1780. *A Relation of Apparitions of Spirits in the County of Monmouth and the Principality of Wales*, Trefeca, 1780; adargraffiad, Casnewydd, 1813; adargraffiad J.E. Owen, 1988.

Griffiths, R.A., Aldhouse-Green, M. and Howell, R. (eds.) 2004. *The Gwent County History, Volume I: Gwent in Prehistory and Early History*, Cardiff: University of Wales Press.

Griffiths, R.A., Hopkins, T. and Howell, R. (eds.) 2008. *The Gwent County History, Volume 2: The Age of the Marcher Lords, c. 1070–1536*, Cardiff: University of Wales Press.

Howell, R. 2004. From the fifth to the seventh century. In Griffiths *et al.* 2004, 244–68.

Howell, R. 2006. *Searching For The Silures: An Iron Age Tribe in South-east Wales*, Stroud: Tempus.

Jones, E. 1779. *A Geographical, Historical and Religious Account of the Parish of Aberystruth*, Trefeca: facsimile reprint, J.E. Owen, 1988.

Jones, E. 1780. *A Relation of Apparitions of Spirits in the County of Monmouth and the Principality of Wales*, Trefeca, 1780; reprint Newport, 1813; reprint J.E. Owen, 1988.

King, D.J.C. 1983. *Castellarium Anglicanum: an Index & Bibliography Of Castles Volume I*, London: Kraus International Publications.

Knight, J.K. 2004. Society and religion in the Early Middle Ages. In Griffiths *et al.* 2004, 269–86.

Knight, J.K. 2008. The parish churches. In Griffiths *et al.* 2008, 167–82.

Lewis, H. 1924. Excavations at St. Illtyd's, Monmouthshire, *Archaeologia Cambrensis* 79, 385–88.

Lewis, H. 1925. Excavations at St. Illtyd's, Monmouthshire, *Archaeologia Cambrensis* 80, 372–80.

Lewis, R. 2006. *Cross-Ridge Dykes of South-east Wales*. Unpublished report, Swansea: GGAT, Report No. 2006/103.

Morris, D. (Eiddil Gwent). 1868. *Hanes Tredegar o Ddechreuad y Gwaith Haiarn hyd yr Amser Presennol*, Tredegar: J. Thomas.

Powell, E. 1902. *The History of Tredegar: Subject of a Competition held at Tredegar Chair Eisteddfod, February 1884*, reprint Tredegar: Blaenau Gwent Heritage Forum, 2008.

King, D.J.C. 1983. *Castellarium Anglicanum: an Index & Bibliography Of Castles Volume I*, Llundain: Kraus International Publications.

Knight, J.K. 2004. Society and religion in the Early Middle Ages. Yn Griffiths ac eraill. 2004, 269–86.

Knight, J.K. 2008. The parish churches. Yn Griffiths ac eraill. 2008, 167–82.

Lewis, H. 1924. Excavations at St. Illtyd's, Monmouthshire, *Archaeologia Cambrensis* 79, 385–88.

Lewis, H. 1925. Excavations at St. Illtyd's, Monmouthshire, *Archaeologia Cambrensis* 80, 372–80.

Lewis, R. 2006. *Cross-Ridge Dykes of South-east Wales*. Adroddiad heb ei gyhoeddi, Abertawe: Ymddiriedolaeth Archaeolegol Morgannwg-Gwent, Adroddiad Rhif 2006/103.

Morris, D. (Eiddil Gwent). 1868. *Hanes Tredegar o Ddechreuad y Gwaith Haiarn hyd yr Amser Presennol*, Tredegar: J. Thomas.

Powell, E. 1902. *The History of Tredegar: Subject of a Competition held at Tredegar Chair Eisteddfod, February 1884*, adargraffiad Tredegar: Fforwm Treftadaeth Blaenau Gwent, 2008.

Radford, C.A.R. 1963. The native ecclesiastical architecture of Wales c.1100–1285. Yn Foster, I.L. ac Alcock, L. (goln), 355–72.

Redknap, M. 1991a. *The Christian Celts: Treasures of Late Celtic Wales*, Caerdydd: Amgueddfa Genedlaethol Cymru.

Redknap, M. 1991b. Llangorse Crannog, *Archaeology in Wales* 31, 38.

Redknap, M. a Lewis, J.M. (goln) 2007. *A Corpus of Early Medieval Inscribed Stones and Stone Sculpture in Wales, Volume I: South-East Wales and the English Border*, Caerdydd: Gwasg Prifysgol Cymru.

Roberts, R. a Graham, E. 2009. *South-east Wales Industrial Ironworks Landscapes, Year 5: The Upper Sirhowy, Ebbw and Ebbw Fach Valleys*. Adroddiad heb ei gyhoeddi, Ymddiriedolaeth Archaeolegol Morgannwg-Gwent 2009/001.

Radford, C.A.R. 1963. The native ecclesiastical architecture of Wales c.1100–1285. In Foster, I.L. and Alcock, L. (eds), 355–72.

RCAHMW 1976. *An Inventory of the Ancient Monuments in Glamorgan, volume. 1: Pre-Norman, Part I: The Stone and Bronze Ages*, Cardiff: HMSO.

RCAHMW 1982. *An Inventory of the Ancient Monuments in Glamorgan, volume. 3: Medieval Secular Monuments, Part 2: Non-defensive*, Cardiff: HMSO.

RCAHMW 1986. *An Inventory of the Ancient Monuments in Brecknock (Brycheiniog): The Prehistoric and Roman Monuments, Part 2: Hill-forts and Roman Remains,* Cardiff: HMSO.

RCAHMW 1997. *An Inventory of the Ancient Monuments in Brecknock (Brycheiniog): The Prehistoric and Roman Monuments, Part 1: Later Prehistoric Monuments and Unenclosed Settlements to 1000 AD*, Aberystwyth: RCAHMW.

RCAHMW 2000. *An Inventory of the Ancient Monuments in Glamorgan: Vol. 3, Medieval Secular Monuments, Part 1B: The Later Castles from 1217 to the Present*, Aberystwyth: RCAHMW.

Redknap, M. 1991a. *The Christian Celts: Treasures of Late Celtic Wales*, Cardiff: National Museum of Wales.

Redknap, M. 1991b. Llangorse Crannog, *Archaeology in Wales* 31, 38.

Redknap, M. and Lewis, J.M. (eds.) 2007. *A Corpus of Early Medieval Inscribed Stones and Stone Sculpture in Wales, Volume I: South-East Wales and the English Border*, Cardiff: University of Wales Press.

Roberts, R. and Graham, E. 2009. *South-east Wales Industrial Ironworks Landscapes, Year 5: The Upper Sirhowy, Ebbw and Ebbw Fach Valleys*. Unpublished report, GGAT 2009/001.

Savory, H.N. 1980. *Guide Catalogue of the Bronze Age Collections*, Cardiff: National Museum of Wales.

Savory, H.N. 1980. *Guide Catalogue of the Bronze Age Collections*, Caerdydd: Amgueddfa Genedlaethol Cymru.

Sikes, W. 1880. *British Goblins: Welsh Folk-lore, Fairy Mythology, Legends and Traditions*, Llundain: Sampson Low, Marston, Searle & Rivington.

Soil Survey of England and Wales. 1983. *Legend for the 1:250,000 Soil Map of England and Wales*, Harpenden.

Stevens, R.A. 1974. *Brecknock and Abergavenny and Monmouthshire Canals*, Caergrawnt: Goose and Son.

van Laun, J. 2001. *Early Limestone Railways*, Llundain: The Newcomen Society.

van Laun, J. 2008. *The Clydach Gorge: Industrial Archaeology Trails*, Y Fenni: Blorenge Books.

van Laun, J. 2013. *Questions of Authenticity: Images of Nineteenth-century Ironmaking in south Wales*. Traethawd hir BA heb ei gyhoeddi, Coleg Birkbeck, Prifysgol Llundain.

Walker, E.A. 2004. The Mesolithic – the final hunter-gatherer-fisher societies of south-eastern Wales. Yn Griffiths ac eraill. 2004, 29–55.

Whittle, E. 1992. *A Guide to Ancient and Historic Wales: Glamorgan and Gwent*, Llundain: Gwasg Ei Mawrhydi.

Williams, C. a Croll, A. (goln) 2013. *The Gwent County History, Volume 5: The Twentieth Century*, Caerdydd: Gwasg Prifysgol Cymru.

Williams, C. a Williams, S.R. (goln) 2011. *The Gwent County History, Volume 4: Industrial Monmouthshire, 1780–1914*, Caerdydd: Gwasg Prifysgol Cymru.

Williams, D.H. 1976. *White Monks in Gwent and the Border*, Pont-y-pŵl: Hughes and Son.

Williams, D.H. 2001. *The Welsh Cistercians*, Llanllieni: Greenwing.

Williams, G. 1976. *The Welsh Church: From Conquest to Reformation*, Caerdydd: Gwasg Prifysgol Cymru (arg. diwygiedig).

Williamson, T. 2006. *The Archaeology of Rabbit Warrens*, Princes Risborough: Shire Books.

Sikes, W. 1880. *British Goblins: Welsh Folk-lore, Fairy Mythology, Legends and Traditions*, London: Sampson Low, Marston, Searle & Rivington.

Soil Survey of England and Wales. 1983. *Legend for the 1:250,000 Soil Map of England and Wales*, Harpenden.

Stevens, R.A. 1974. *Brecknock and Abergavenny and Monmouthshire Canals*, Cambridge: Goose and Son.

van Laun, J. 2001. *Early Limestone Railways*, London: The Newcomen Society.

van Laun, J. 2008. *The Clydach Gorge: Industrial Archaeology Trails*, Abergavenny: Blorenge Books.

van Laun, J. 2013. *Questions of Authenticity: Images of Nineteenth-century Ironmaking in south Wales*. Unpublished BA dissertation, Birkbeck College, University of London.

Walker, E.A. 2004. The Mesolithic – the final hunter-gatherer-fisher societies of south-eastern Wales. In Griffiths *et al.* 2004, 29–55.

Whittle, E. 1992. *A Guide to Ancient and Historic Wales: Glamorgan and Gwent*, London: HMSO.

Williams, C. and Croll, A. (eds.) 2013. *The Gwent County History, Volume 5: The Twentieth Century*, Cardiff: University of Wales Press.

Williams, C. and Williams, S.R. (eds.) 2011. *The Gwent County History, Volume 4: Industrial Monmouthshire, 1780–1914*, Cardiff: University of Wales Press.

Williams, D.H. 1976. *White Monks in Gwent and the Border*, Pontypool: Hughes and Son.

Williams, D.H. 2001. *The Welsh Cistercians*, Leominster: Greenwing.

Williams, G. 1976. *The Welsh Church: From Conquest to Reformation*, Cardiff: University of Wales Press (revised edn.).

Williamson, T. 2006. *The Archaeology of Rabbit Warrens*, Princes Risborough: Shire Books.

I Gael Gwybod Rhagor

Mae modd dod o hyd i wybodaeth am bob un o'r safleoedd sydd wedi'u crybwyll yn y llyfr hwn, a llu o rai eraill, ar gronfa ddata ar-lein y Comisiwn Brenhinol, sef **www.coflein.gov.uk**, a hynny'n rhad ac am ddim. Mae'r cofnodau ynddi'n cynnwys disgrifiadau mewn testun a lluniau ac yn cynnig gwybodaeth ychwanegol. Gallwch chwilio'r gronfa ddata ar sail map neu destun. Cewch fynd yn syth i unrhyw safle a grybwyllwyd drwy chwilio am ei NPRN (Rhif Cofnodi Sylfaenol Cenedlaethol), sef y rhif a ddyfynnwyd ar ddiwedd y capsiwn sydd o dan y llun ohono.

Mae gwybodaeth arall hefyd ar gael drwy gronfa ddata Ymddiriedolaeth Archaeolegol Morgannwg-Gwent, sef **www.archwilio.org.uk**. Cewch lawer iawn o wybodaeth ddefnyddiol, fel adroddiadau maes ac astudiaethau tirwedd, drwy fynd i **www.ggat.org.uk**. Mae gwybodaeth am henebion cofrestredig, adeiladau rhestredig a darganfyddiadau archaeolegol ar gael drwy Borth Cymru Hanesyddol yn **www.cymruhanesyddol.gov.uk**.

Sefydlwyd Cymdeithas Hynafiaethol Sir Fynwy ym 1847 a'r enw gwreiddiol arno oedd y Caerleon Antiquarian Association. Heddiw, mae gan y gymdeithas nifer dda o aelodau a rôl bwysig o ran datblygu treftadaeth archaeolegol a hanesyddol y sir. Ei nod yw darparu mwynhad a meithrin cyfeillgarwch ymhlith pobl o gyffelyb fryd a chynnal digwyddiad cymdeithasol blynyddol yn ogystal ag ymweliadau maes a darlithiau. Mae'r cyfnodolyn blynyddol, **The Monmouthshire Antiquary**, yn waith darllen hanfodol i unrhyw un sy'n ymwneud â hanes ac archaeoleg y sir hanesyddol hon. Gwefan: **www.monmouthshireantiquarianassociation.org/**

Finding Out More

Information on all of the sites mentioned in this book and many others can be found on the Royal Commission's free online database at **www.coflein.gov.uk**. Entries include text descriptions, images and additional information and the database can be searched by map or by text. You can go directly to any site mentioned by searching for its NPRN (National Primary Record Number), which is quoted in image captions.

Other information is also available via the Glamorgan-Gwent Archaeological Trust's database at **www.archwilio.org.uk**. A great deal of useful information, such as field reports and landscape studies can be accessed via **www.ggat.org.uk**. Information regarding scheduled ancient monuments, listed buildings and archaeological finds is available via the Historic Wales Portal at **www.historicwales.gov.uk**.

The Monmouthshire Antiquarian Association was founded in 1847 and was originally known as the Caerleon Antiquarian Association. The association today has a strong membership and an important role in fostering the county's archaeological and historical heritage. The Association aims to provide enjoyment and foster friendship amongst like-minded people and hold an annual social event as well as field visits and lectures. The annual journal, **The Monmouthshire Antiquary**, is essential reading for anyone concerned with the history and archaeology of this historic county. Website: **www.monmouthshireantiquarianassociation.org/**

Amgueddfeydd a chanolfannau treftadaeth

Big Pit: Yr Amgueddfa Lofaol Genedlaethol,
Blaenafon,
Torfaen NP4 9XP.

Blaenafon: Canolfan Treftadaeth Byd,
Church Road,
Blaenafon,
Torfaen NP4 9AS.

Bryn-mawr: Amgueddfa Bryn-mawr a'r Cylch,
Llyfrgell Carnegie,
Sgwâr y Farchnad,
Bryn-mawr NP23 4AY.

Caerllion: Amgueddfa Lleng Rufeinig Cymru,
Y Stryd Fawr,
Caerllion,
Casnewydd NP18 1AE.

Casnewydd: Amgueddfa ac Oriel Gelf Casnewydd,
Sgwâr John Frost,
Casnewydd NP20 1PA.

Glynebwy: Amgueddfa Gweithfeydd Glynebwy,
Y Swyddfa Gyffredinol,
Steelworks Road,
Glynebwy,
Blaenau Gwent NP23 6DN.

**Trefynwy: Amgueddfa Trefynwy
[neu Amgueddfa Nelson a'r Ganolfan Hanes Lleol],**
Neuadd y Farchnad,
Trefynwy NP25 3XA.

Y Fenni: Amgueddfa a Chastell y Fenni,
Castle Street,
Y Fenni,
Sir Fynwy NP7 5EE.

Museums and heritage centres

Abergavenny Museum and Castle,
Castle Street,
Abergavenny,
Monmouthshire NP7 5EE.

Big Pit: National Coal Museum,
Blaenafon,
Torfaen NP4 9XP.

Blaenavon World Heritage Centre,
Church Road,
Blaenavon,
Torfaen NP4 9AS.

Brynmawr and District Museum,
Carnegie Library,
Market Square,
Brynmawr NP23 4AY.

Ebbw Vale Works Museum,
General Office,
Steelworks Road,
Ebbw Vale,
Blaenau Gwent NP23 6DN.

**Monmouth Museum
[aka The Nelson Museum & Local History Centre],**
Market Hall,
Monmouth NP25 3XA.

The National Roman Legion Museum,
High St,
Caerleon,
Newport NP18 1AE.

Newport Museum and Art Gallery,
John Frost Square,
Newport NP20 1PA.

Mynegai

[D.S. Mae rhifau'r tudalennau mewn print italig yn cyfeirio at y lluniau]

Abaty Nedd, gwaith haearn 112, *113*
Abercarn 89, 90
Aberhonddu 112, 116; caer (Caer Fwng) 51
Abertyleri *wynebddalen 17*, 19, 20, 69, 77, 139, *140*
Adams, James 106
Afon Lwyd 13, 100
Allgood, Thomas *98*
aneddiadau'r Gwyddelod 61, 63–65, 145
arfau 36
Arthur, y Brenin 24

Bailey, y brodyr 108, 131
Bannau Brycheiniog *28*, 29, 49
Bargod 65–69
Basaleg *55*
Beaufort, Dug 95
Bedlinog 87, 146, 149
Bedwas 34
Bedwellte 72–74, 93
beddrodau siambr 31–33
Begwns 34
Biceri 34, 147
Big Pit 99, *101*, 102, *103*, 136
Blaen y Cwm, traphont 139
Blaenau Gwent 11, 16, 133, 139
Blaenafon 8, 11, 34, 99, 100–03, 105, *111*, 121, *124*
Blaenau 99
Blorens *15*
Boch Rhiw Carn 24
Boyesen, Sebastien *140*
Bradney, Syr Joseph 26
British Ironworks, y 105, *106*
Bronllys, castell 82

Brychan, brenin Brycheiniog 24
Bryn Farteg *22*; pwll glo *22*
Bryn Killcrow *48*, 49
Bryn-mawr, Patshys *110*, 112–13; ffatri rwber *142*
bryngaerau 38–46
Brynna 74
Buddug 49–50
Burton, Decimus 105
Bute, Ardalydd 106
Bute, Gwaith Haearn 99, 106
Bwlch 51
Bwlch y Garn 87
Bwrdd y Dug 95

Cadog, sant 24, 71
Cae Eglwys 90
Caerllion 27, 51, 53–54, 59, 80
Caerffili 51, 75, 133, 139, 147; Castell 77, 83
Caer-went *48*, 59
Camlas Brycheiniog/ Aberhonddu a'r Fenni 102, 108, *115*, 116, 120
Camlas Sir Fynwy 116, *117*
Capel Brithdir 65–69
Capel Gwladys *68*, 69
Caradog 47
Carn Caws 34
Carn y Bugail 24, 147–48
Carn y Defaid 34
carneddau 26, *31, 33*, 34, 36, 87, 145, 147–49; carega 86; cylchog 145
Carnhuanawc 27
Carreg Bica 108
carreg galch 108–09

Index

[NB: Page numbers in italics refer to illustrations]

Abercarn 89, 90
Abergavenny 49, 51, 112
Abertillery *frontis, 17*, 19, 20, 69, 77, 139, *140*
Adams, James 106
Afon Lwyd 13, 100
Allgood, Thomas *98*
arrowheads 31
Arthur, King 24

Bailey brothers 108, 131
Bargoed 65–69
barrows 34
Bassaleg *55*
Beakers 34, 147
Beaufort 34, 36, 99, 112
Beaufort, Duke of 95
Bedlinog 87, 146, 149
Bedwas 34
Bedwellty 72–74, 93
Begwns 34
Big Pit 99, *101*, 102, *103*, 136
Black Mountains 26, 29, 32, 38, 40, 49
Black Rock crossing 49
Blackwood *143*
Blaen y Cwm Viaduct 139
Blaenau Gwent 11, 16, 133, 139
Blaenavon 8, 11, 34, 99, 100–03, 105, *111*, 121, *124*
Blaina 99
Blorenge *15*
Boch Rhiw Carn 24
Boudicca 49–50
boundary banks 36, *37*
Boyesen, Sebastien *140*
Bradney, Sir Joseph 26
Brecknock & Abergavenny Canal 102, 108, *115*, 116, 120
Brecon 112, 116; Beacons *28*, 29, 49; Gaer 51
British Ironworks 105, *106*
Bronllys Castle 82
Bronze Age 33–36, 145, 147–49
Brychan, King of Brycheiniog 24
Brynmawr, Patches *110*, 112–13; rubber factory *142*
Brynna 74
burnt mounds 26
Burton, Decimus 105
Bute Ironworks 99, 106
Bute Town 106–07
Bute, Marquess of 106
Bwlch 51
Bwlch y Garn 87

Cadog, St 24, 71
Cae Eglwys 90
Caerleon 27, 51, 53–54, 59, 80
Caerphilly 51, 75, 133, 139, 147; Castle 77, 83
Caerwent *48*, 59
cairns 26, *31, 33*, 34, 36, 87, 145, 147–49
Canadian Tips 138
Capel Brithdir 65–69
Capel Gwladys *68*, 69
Caratacus 47
Carn Caws 34
Carn y Bugail 24, 147–48
Carn y Defaid 34
Carnhuanawc 27
Carreg Waun Llech 34, *35*
Carreg Wen Fawr y Rugos 34
Cartwright, Thomas 116
Castell Coch 75

156

Carreg Waun Llech 34, *35*
Carreg Wen Fawr y Rhigos 34
Cartwright, Thomas 116
Casnewydd 116, 128
Castell Coch 75
Castell Gwyn, y 77
Castell Meredydd 80, 82–83
Castell Taliorum 80–81
Cefn Flight *117*
Cefn Golau, mynwent 125–27
Cefn Man-moel 65, 90
Cefn Rhyswg *89*
Cefn y Brithdir 87
Cendl 34, 36, 99, 112
cerrig arysgrifedig 26, 59–71, 145
Chapel Farm 90
Cil-lonydd 88–90, *91*
Clawddtrawscae 65
clefydau 123–27
Clo Cadno 36, *37*
cloddiau terfyn 36, *37*
cloddiau traws-cefnennau 26, 27, 59–71
cludiant 114–17
Clydach 8, 13, 98, 99; Cwm 13, *115*, 139; Gwaith Haearn 118–20; traphont 139
Coed-duon *143*
Coed Pen-twyn 40
Coety, Pyllau 99; Mynydd 95
colera 125–27
Coly Uchaf 87
Coxe, yr Archddiacon William 7, 16, 19, 46, 73
crannog 63–65
Cristnogaeth 65
Croes Carn Einion 53, 54, *55*
Crucywel 30, *38*, 40, *42*; Crug Hywel *31*, *38*, 40
Crug y Gaer 40
crugiau 34
Crymlyn, Cangen 116, *117*; Pwll Glo'r Navigation 133–34, *137*; Traphont *137*, 139
Cuckoo Quarry 114
Cwalca 34; carneddau 36

Cwm, pwll glo 133; cwar 114
Cwm Celyn 99
Cwm Criban, carreg ogam 24–26, 61
Cwm Fedw 87, 95
Cwmbrân 90, *92*
Cwmfelin-fach 95
Cwmtileri *22*, *23*
cwningaroedd 95
cyfundrefnau caeau 36, 87
Cynddylan 71
cytiau 26

chwedlau 19–24

Dadford, Thomas (yr Ieuengaf) 116
Darren Ciliau *109*
Darren Disgwylfa *15*, 108
de Bohun, Humphrey 77
de Burgh, Hubert 77
de Clare, Gilbert 75, 77, 83
defaid *18*, 34, 90
Didius Gallus 49, 51
Dinas Noddfa 85–86, 148–49
Dinas Powys 63
Dowlais 36
Draethen 53–54
Drenewydd, y (Butetown) 106–07
Dukestown, traphont 139
Dunlop Semtex, ffatri *142*
dur 8

Edward I, y brenin 77
Ellis, Thomas 126

Fitz Osbern, William 75
Fochriw 24, 145
Ford Farm 54
Fox, y Fonesig Aileen 27, 84, 148–49; Syr Cyril 27
Frost, John 128

Ffawyddog Gaer 40, *42*
ffyrdd Rhufeinig 26, 95, 146–47

Castell Meredydd 80, 82–83
Castell Taliorum 80–81
cattle 34
Cefn Flight 117
Cefn Golau cemetery 125–27
Cefn Manmoel 65, 90
Cefn y Brithdir 87
Cefn-Rhyswg *89*
cereals 31
chambered tombs 31–33
Chapel Farm 90
Chartist Bridge *143*
Chartist uprising 128–33
Chartist's Cave 26, 129–31
cholera 125–27
Christianity 65
Cil-lonydd 89–90, *91*
Clawddtrawscae 65
clearance cairns 87
Clo Cadno 36, *37*
Clydach 8, 13, 98, 99; Gorge 13, *115*, 139; Ironworks 118–20; viaduct 139
coal *12*, 13, *22*, 133–40
Coalbrookvale 99
Coed Pentwyn 40
Coity Mountain 95
Coity Pits 99
coke 99
Coly Uchaf 87
Coxe, Archdeacon William 7, 16, 19, 46, 73
crannog 63–65
Crickhowell 30, *31*, *38*, 40, *42*
Croes Carn Einion 53, 54, *55*
cross-ridge dykes 26, 27, 59–71
Crug Hywel *38*, 40
Crug y Gaer 40
Crumlin, Arm 116, *117*; Navigation Colliery 133–34, *137*; Viaduct *137*, 139
Cuckoo Quarry 114
Cwalca 34; cairns 36
Cwm Celyn 99
Cwm Colliery 133
Cwm Criban ogham stone 24–26, 61

Cwm Fedw 87, 95
Cwm Quarry *114*
Cwmbrân 90, *92*
Cwmfelinfach 95
Cwmtillery *22*, *23*
Cynddylan 71

Dadford, Thomas (Jr) 116
Darren Ciliau *109*
Darren Disgwylfa *15*, 108
de Bohun, Humphrey 77
de Burgh, Hubert 77
de Clare, Gilbert 75, 77, 83
defended enclosures 26
Didius Gallus 49, 51
Dinas Noddfa 85–86, 148–49
Dinas Powys 63
disease 123–27
Dowlais 36
Draethen 53–54
Duke's Table 95–96
Dukestown viaduct 139
Dunlop Semtex factory *142*

Ebbw Vale 13, 40, 65, 77, 87, 99; Ironworks *104*; steelworks *10*, 61
ecclesiastical sites 26
Edward I, King 77
Ellis, Thomas 126

Ffawyddog Gaer 40, *42*
field systems 36, 87
Fitz Osbern, William 75
flint tools 29–31
Fochriw 24, 145
Ford Farm 54
Fourteen Locks 117
Fox, Lady Aileen 27, 84, 148–49; Sir Cyril 27
Frost, John 128
funerary sites 26

game shooting 95
Garn Ddyrus 102, 121
Garn Fawr 26, 34
Gelli Las 90

Garn Ddyrys 102, 121
Garn Fawr, y 26, 34
Gelli Las 90
Gelli-gaer, Caer Rufeinig 51, 53, 56–58, 146–47; cloddiau traws-cefnennau 65, 66; Comin 7, 13, 24, 32, 34, *54*, 84–87, *88*, 145–49; maen arysgrifedig 26, *62*
Gilwern *15*; Arglawdd 115, 120; Bryn *15*, *114*; Glanfa 116
glo *12*, 13, *22*, 133–40
Glyn Nant-y-glo 99
Glyn Pits, pwll glo 112, *113*
Glynebwy 13, 40, 65, 77, 87, 99; Gwaith Haearn *104*; gweithfeydd dur *10*, 61
Gofilon 116
golosg 99
grawnfwydydd 31
Gwarcheidwad y Cymoedd *wynebddalen*, 139, *140*
gwartheg 34
gwasgariadau lithig 26
Gwastad *23*
Gwent, Eiddil 99
Gwernvale 30, *31*
Gwladus 24
Gwrthryfel y Siartwyr 128–33
Gwynllŵg, 75 80
Gwynllyw 24
gwynt, pŵer y *144*

haearn 8, 26, 97–107, 121; yr Oes 36–46
hafotai 87
Hanbury, Richard 97; teulu 118
Heledd, santes 70–71
helwyr-gasglwyr 29, *30*
Hengoed, traphont *138*, 139
Herbert, William 77
Hirwaun 133; Wrgan 90
Hywel ap Iorwerth 87–88

Iorwerth ab Owain 80

japanio 97

John, y Brenin 83
Jones, y Parch. Edmund 16–20, 95, 97, 141–42
Jones, Theophilus 27
Jones, William 128
Julius Frontinus 51, 147

Lan Fawr 40, *41*
Langstone 54
Leigh, Capel Hanbury *113*
Leland, John 46
Lhuyd, Edward 24–26, 61
Lifris o Lancarfan 24
Lodge Hill 59

llafur 121–25
Llanbedr-ar-Fynydd 74
Llancayo, Fferm 49
Llandafal, Ffwrnais Awyru 133
Llandderfel 90, 91–92
Llanelli, Ffwrnais 98, 118
Llan-ffwyst 102
Llangatwg 108; cwarrau *109*
Llan-gors 63–65
Llangynidr 34, *41*
Llanhiledd 69, *70, 71*, 72–74, 93
Llanmelin, Coed *43*, 59
Llantarnam, Abaty 88–89, 90
llociau amddiffynedig 26
llwyfannau tai 84–87
llys 62–63
Llywelyn: Llywelyn Fawr 83; Ein Llyw Olaf 75

MacCulloch, John 106
Machen 53, 54, 80, 82–83; Isaf 53–54; Uchaf 82
Maen Catwg 32–33
maenorau 88–90
Maesycwmer, traphont 139
Malpas 116
Manlius Valens 47
Man-moel 71
Marshall, Gilbert 83; William 83
meini arysgrifedig 59–71, 145
Merthyr Tudful 61, 77

Gelligaer Common 7, 13, 24, 32, 34, *54*, 84–87, *88*, 145–49; cross-ridge dykes 65, *66*; inscribed stone 26, *62*; Roman Fort 51, 53, 56–58, 146–47
Gilwern *15*; Embankment 115, 120; Hill *15*, *114*; Wharf 116
Glyn Pits Colliery 112, *113*
Govilon 116
granges 88–90
Guardian of the Valleys *frontis*, 139, *140*
Gwastad *23*
Gwent, Eiddil 98
Gwernvale 30, *31*
Gwladus 24
Gwynllŵg 80
Gwynllyw 24

hafotai 87
Hanbury, Richard 97; family 118
Heledd, St 70–71
Hengoed Viaduct *138*, 139
Herbert, William 77
hillforts 38–46
Hirwaun 133; Wrgan 90
house platforms 84–87
hunter-gatherers 29, *30*
huts 26
Hywel ap Iorwerth 88

inscribed stones 26, 59–71, 145
Iorwerth ab Owain 80
Irish settlement 61, 63–65, 145
iron 8, 26, 97–107, 121
Iron Age 36–46

japanning 98
John, King 83
Jones, Rev, Edmund 16–20, 95, 97, 141–42
Jones, Theophilus 27
Jones, William 128
Julius Frontinus 51, 147

Killcrow Hill *48*, 49

labour 121–25
Lan Fawr 40, *41*
Langstone 54
lead 53
legends 19–24
Leigh, Capel Hanbury *113*
Leland, John 46
Lhuyd, Edward 24–26, 61
Lifris of Llancarfan 24
limekilns 87
limestone 108–09
lithic scatters 26
Llancayo Farm 49
Llandafal Ventilation Furnace 133
Llandderfel 90, 91–92
Llanelly Furnace 98, 118
Llanfoist 102
Llangattock 108; quarries *109*
Llangorse 63–65
Llangynidr 34, *41*
Llanhilleth 69, *70, 71*, 72–74, 93
Llanmelin Wood *43*, 59
Llantarnam Abbey 88–89, 90
llys 62–63
Llywelyn, the Great 83; the last 75
Lodge Hill 59
Lonely Shepherd 108
Lower Machen 53–54

MacCulloch, John 106
Machen 53, 54, 80, 82–83
Maen Catwg 32–33
Maes y Cymmer viaduct 139
Malpas 116
Manlius Valens 47
Manmoel 71
Marshall, Gilbert 83; William 83
Merthyr Tydfil 61, 77
Mesolithic 29–30
monasteries 87–92
Monmouthshire Canal 116, *117*
Morgan ap Owain 80
Morlais Castle 75, 77–80, *81*
mottes *45*, 75–77

Mynegai • Index

Mesolithig, yr Oes Fesolithig 29–30
Morgan ap Owain 80
Morlais, Castell 75, 77–80, *81*
mynachlogydd 87–92
Mynydd Carn y Cefn 90
Mynydd Du, y 26, 29, 32, 38, 40, 49
Mynydd Farteg Fawr *22*
Mynydd Fochriw 94–95, *122*
Mynydd Henllys 11
Mynydd Llangatwg 13, 26, *33*, 34, 40, *42*, 59, 96, 108
Mynydd Llangynidr 13, 26, 34, *37*, 59
Mynydd Llanhiledd *18*
Mynydd Machen 29–30, 34, 87, 95
Mynydd Maen 11, *31*, 44
Mynydd y Grug 34
Mynyddislwyn 93
mythau 19–24

Nant Dyar 139
Nant Trefil 95
Nant-y-glo, Gwaith Haearn 99, 108, 111; Tai Crwn 131–32
Neolithig, yr Oes 30–33

Oakdale *12*; Ynni Gwynt *144*
odynau calch 87
Oes Efydd, yr 33–36, 145, 147–49
offer fflint 29–31
ogam, carreg *25*, 26, 61
Ogof y Siartwyr 26, 129–31
Ordofigiaid, yr 47
Ostorius Scapula 47

Payne, Henry Thomas 26
Pedwar Loc ar Ddeg, y *117*
Pen Carnbugail 61, 146, 147
Pen y Gaer 51
Penallta, pwll glo 133, 135, *136*
Pen-ffordd-goch *111*
pennau saethau 31
Pen-rhiw, cwningar 95
Pen-rhys 91–92

Pen-twyn *122*
Penydarren 51–53, 146–47
pererinion 91–92
Petherick, John 106
Petts, Mick *135*
Phillipstown *28*
plwm 53
Pont Gwaith yr Haearn 99
Pontnewynydd 116
Pontsticill 146
Pont-y-moel 116
Pont-y-pŵl 20, 97–98, 105, 112, 118; Gwaith Haearn a Thunplat *113*
Pont y Siartwyr *143*
Powell, Evan 123, 129
Price, y Parch. Thomas 27
Princetown 36
Pwll Du 136–38
Pwll Gwy-rhoc 96
Pwll-pen 90

Ras Uchaf, y 112
Rasa 112
Roundhouse Farm 131–32

Rhaglan, Arglwydd 27
Rhaglan, castell 77
rheilffyrdd 139
Rhisga 40, 44, 53–54
Rhondda Fach 89
Rhymni 99; cwm 13, *28*, 51, 56, 59, 66, 82, 106, *138*, 139; traphont *gweler* Hengoed, traphont
Rhyswg 88, 90

saethu adar gwyllt 95
safleoedd angladdol 26; defodol 26, 31–33; safleoedd eglwysig 26
Sant Andrew, eglwys *122*
Sant Illtud, eglwys 69, *70*, *71*, 72–74, 77, 80
Sant Sannan, eglwys 72–74
Scwrfa 112
Senghennydd 75

Mynydd Carn y Cefn 90
Mynydd Farteg Fawr *22*
Mynydd Fochriw 94–95, *122*
Mynydd Henllys 11
Mynydd Llangatwg 13, 26, *33*, 34, 40, *42*, 59, 96, 108
Mynydd Llangynidr 13, 26, 34, *37*, 59
Mynydd Llanhilleth *18*
Mynydd Machen 29–30, 34, 87, 95
Mynydd Maen 11, *31*, 44
Mynydd y Grug 34
Mynyddislwyn 93
myths 19–24

Nant Dyar 139
Nant Trefil 95
Nantyglo, Ironworks 99, 108, 111; Roundhouses 131–32
Neath Abbey ironworks 112, *113*
Neolithic 30–33
New Tredegar *28*
Newbridge *91*
Newport 116, 128

Oakdale *12*; Wind Energy *144*
ogham stone *25*, 26, 61
Ordovices 47
Ostorius Scapula 47

Payne, Henry Thomas 26
Pen Carnbugail 61, 146, 147
Pen y Gaer 51
Penallta Colliery 133, 135, *136*
Pen-ffordd-goch *111*
Penrhiw warren 95
Penrhys 91–92
Pentwyn *122*
Penydarren 51–53, 146–47
Peterston-super-Montem 74
Petherick, John 106
Petts, Mick *135*
Phillipstown *28*
pilgrimage 91–92
pillow mounds 95
Pont Gwaith yr Haearn 98

Pontnewynydd 116
Pontsticill 146
Pontymoel 116
Pontypool 20, 97–98, 105, 112, 118; Iron &Tinplate works *113*
Powell, Evan 123, 129
Price, Rev. Thomas 27
Princetown 36
Pwll Du 136–38
Pwll Gwy-rhoc 96
Pwll-pen 90

Raglan Castle 77
Raglan, Lord 27
railways 139
Rhasa 112
Rhondda Fach 89
Rhymney 99; valley 13, *28*, 51, 56, 59, 66, 82, 106, *138*, 139; viaduct *see* Hengoed Viaduct
Rhyswg 89, 90
ring cairn 145
Risca 40, 44, 53–54
ritual sites 26, 31–33
Rogerstone *117*
Roman roads 26, 95, 146–47
Roundhouse Farm 131–32

Scwrfa 112
Senghenydd 75
sheep *18*, 34, 90
Silures 36, 47, 49
Sirhowy 99, 112; Ironworks *104*, 105; valley 13, *143*
Six Bells Colliery *frontis*, 139, *140*
Skenfrith Castle 82
St Andrew's Church *122*
St Dial's Church 90
St Illtyd's Church 69, *70*, *71*, 72–74, 77, 80
St Sannan's Church 72–74
Stack Square *124*
steel 8
Strata Florida Abbey 88
Sudbrook 59

159

Silwriaid, y 36, 47, 49
Sirhywi 99, 112; Gwaith Haearn 104, 105; cwm 13, 143
Six Bells, pwll glo *wynebddalen*, 139, 140
siopau trwco 123
St Dial's, eglwys 90
Stack Square 124
Sudbrook 59
Suetonius Paulinus 49
Sultan, merlyn pwll glo 135

Tacitus 47
Taf, cwm 51, 56
Tal-y-bont 61, 116
Tegernacus 69
Tetricus 53
Thomas, Gilchrist 100
Tileri, cwm *wynebddalen*, 16, 17
Tomenni Canadaidd 138
tomenni 45, 75–77; tomenni clustog 95
tracffyrdd 93, 94–95
Trajan, yr ymerawdwr 56
trawstrefa 87
Trecelyn 91
Tredegar 36, 99, 104, 125, 139; gweithfeydd 123, 126
Tredegar Newydd 28
Trefil 34, 36, 87, 108, 129–30, 146; cwar 114
Trefil Glas, carnedd 26
Tre-tŵr, castell 82
Twmbarlwm 40, 44–46, 75, 76, 77

Twmp Siencyn Siôn 77
twmpathau llosg 26
Tŵr, Glofa'r 133
Tŵr Pen-cyrn 15, 33
Twyn Cae Huw 34
Twyn Du 23
Twyn Tudur 77, 79
Twyn y Gaer 40
Tŷ-du 117
Tŷ Mawr 131–32
Tyla-glas 65, 66

Vespasian 51
Victoria 99

Warren House 95
Waun Llech 40
Waun Watcyn 15
Westgate, Gwesty'r 128
Wheeler, Mortimer 68
Wilkes, Betty 123
William II 75
Williams, Zephaniah 128
Winchestown 111
Wysg 49, 51, 52, 98; dyffryn 13, 15, 26, 30–31, 49

Y Fenni 49, 51, 112
Ynys Bwlc 63–65
Ynys-ddu 34
Ynysgynwraidd, castell 82
Ystrad 146; cwarrau'r 61
Ystrad Fflur, abaty 87

Suetonius Paulinus 49
Sultan pit pony 135

Table Mountain 38
Tacitus 47
Tâf valley 51, 56
Talybont 61, 116
Tegernacus 69
Tetricus 53
Thomas, Gilchrist 100
Tillery valley *frontis*, 16, 17
Tower Colliery 133
trackways 93, 94–95
Trajan, Emperor 56
transhumance 87
transport 114–17
Trecelyn 91
Tredegar 36, 98, 99, 104, 125, 139; works 123, 126
Trefil 34, 36, 87, 108, 129–30, 146; quarry 114
Trefil Glas cairn 26
Tretower Castle 82
truck shops 123
Twmbarlwm 40, 44–46, 75, 76, 77
Twmp Siencyn Siôn 77
Tŵr Pen-cyrn 15, 33
Twyn Cae Huw 34
Twyn Du 23
Twyn Tudur 77, 79

Twyn y Gaer 40
Ty Mawr 131–32
Tyla-glas 65, 66

Upper Machen 82
Upper Race 112
Usk 49, 51, 52, 98; valley 13, 15, 26, 30–31, 49

Varteg 22; Hill Colliery 22
Vespasian 51
Victoria 99

Warren House 95
warrens 95
Waun Llech 40
Waun Watcyn 15
weaponry 36
Wentloog 75
Westgate Hotel 128–29
Wheeler, Mortimer 68
White Castle 77
Wilkes, Betty 123
William II 75
Williams, Zephaniah 128
Winchestown 111
wind power 144

Ynys Bwlc 63–65
Ynysddu 34
Ystrad 146; quarries 61